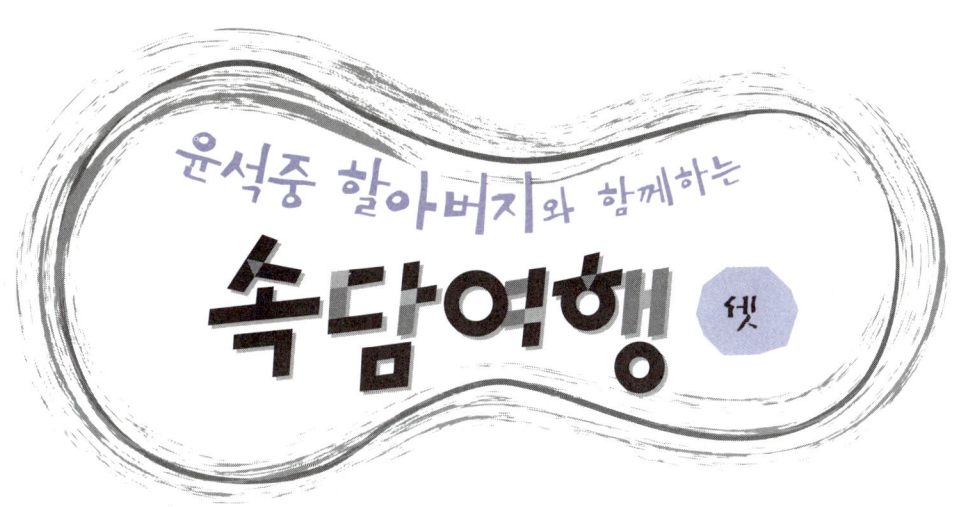

윤석중 할아버지와 함께하는 속담여행 · 셋

초판 1쇄 인쇄일	2005년 9월 5일
초판 1쇄 발행일	2005년 9월 9일

엮 은 이	윤석중
펴 낸 이	권성자
펴 낸 곳	아이북

주　　소	136-032 서울 성북구 동소문동 2가 16번지 청암빌딩 7층
전화번호	(02) 3672-7814
팩시밀리	(02) 745-5994
e-mail	ibookpub@hanmail.net
출판등록	등록번호 10-1953호 등록일자 2000년 4월 18일

ISBN 89-89968-16-X 77810
　　　89-89968-17-8 (세트)

값 7,000원

* 저자와의 협의하에 인지를 붙이지 않습니다.
* 잘못된 책은 바꿔 드립니다.

ⓒ 윤석중, 2005, Printed in Seoul, Korea

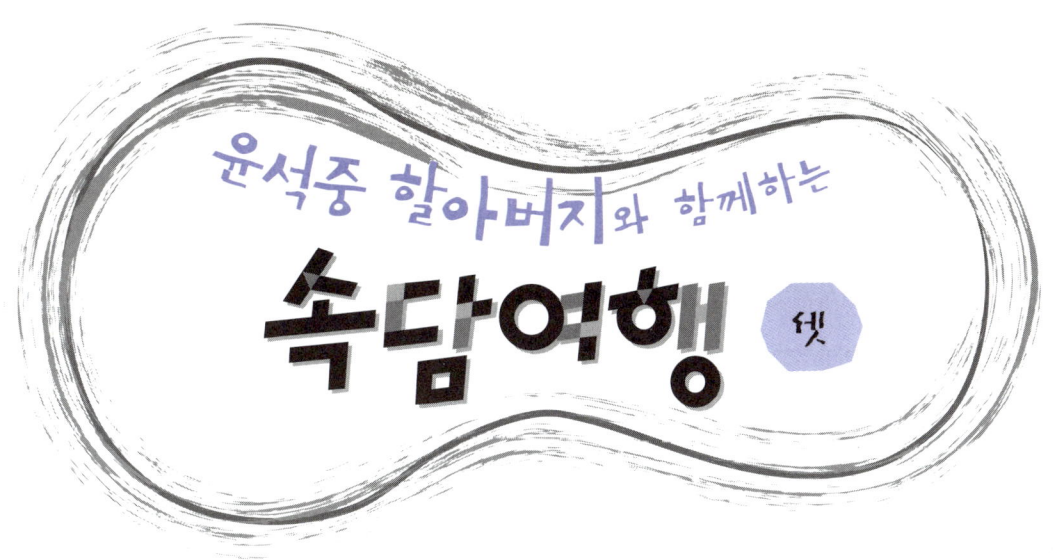

윤석중 할아버지와 함께하는
속담여행 셋

윤석중 엮음

머리말

어린이를 위한 속담 풀이 — 마음의 등불

눈에 보이지 않는 선생님이 계십니다. 입이 없건만 타일러 주고, 발이 없건만 삼천리 강산을 두루 돌아다니는 선생님이 계십니다. 하도 오래 사셔서 아무도 그 나이를 모르는 선생님. 배운 것은 별로 없지만 높은 자리에 올라앉은 사람일수록, 아는 것이 많은 사람일수록 그의 앞에서 고개를 들지 못하게 하는 이상한 선생님. 그런 선생님이 과연 누굴까요?

그분이 바로 '속담 선생님' 이십니다. '속담' 이란 속된 이야기란 뜻으로, '상말' 로 통합니다. 점잖지 못한 상스러운 말이라고 핀잔을 받는 수도 있지요. 그러나 알고 보면, 점잖지 못하고 상스럽게 보는 그 사람이 오히려 더 점잖은 체하고 깨끗한 체하고 남을 위하는 체하는 '체증' 에 걸려 있는 수가 많습니다. '속담' 이란 내 나라 백성의 참 소리요, 흙냄새 나는 내 고장의 귓속말이요, 핏줄을 이어받은 내 조상의 입김입니다. 거짓탈을 벗겨 주고 아픈 데를 찔러 고름을 짜내 주고 체증을 고쳐 주는 속담 선생님은 침장이 의사 선생님이기도 합니다.

우리 나라 속담 가운데에서 우리 어린이들에게 가르침이 되고, 마음속에 깊이 새겨 두면 이다음에 커서도 든든한 마음의 지팡이가 되어 줄 수 있는 쉽고도 재미있는 속담들을 골라, 그 뜻을 풀어서 한 권의 책으로 엮어 냅니다.

　사실 이 책은 지금으로부터 30년 전에 쓴 것입니다. 그러던 것을 한동안 잊고 지냈는데 뜻밖에 책을 만드시는 분들의 도움으로 다시 만날 수 있었습니다. 그 순간의 감회라니……. 오래 전에 헤어져 마음속으로만 그리던 옛 친구를 새로 만난 기쁨이라고 할까요. 예전에 썼던 글이긴 하지만 책갈피를 한장 한장 넘기다 보니 요즘 어린이들에게도 마음의 등불이 될 듯싶어 이렇게 다시 펴내기로 마음먹게 되었습니다. 다만 요즘 어린이들이 이해하기 어려운 내용이나 말은 되도록 쉽고 자세하게 풀이했으며, 옛 속담을 우리 생활 속으로 끌어들여 좀더 재미있고 흥미롭게 생각할 수 있도록 지혜를 짜 보았습니다.

2001년 3월
평생 동요 여행만 다닌 아흔 살의 어린이
윤석중 적음

차례

머리말·어린이를 위한 속담 풀이 - 마음의 등불

1   한 번 엎지른 물은 주워 담지 못한다   11
2   밑 빠진 가마에 물 길어 붓기   15
3   물은 건너 봐야 알고 사람은 지내 봐야 안다   19
4   집에서 새는 바가지, 들에 가도 샌다   23
5   물에 빠진 것 건져 놓으니까 내 봇짐 내라 한다   26
6   물이 깊어야 고기가 모인다   30
7   윗물이 맑아야 아랫물이 맑다   33
8   장 단 집에는 가도 말 단 집에는 가지 마라   38
9   가루는 칠수록 고와지고 말은 할수록 거칠어진다   41
10   죽은 정승이 산 개만 못하다   45
11   잘 되면 제 탓, 못 되면 조상 탓   49

12 경줏돌이면 다 옥돌인가 53

13 낫 놓고 기역자도 모른다 56

14 까마귀는 검어도 살은 희다 60

15 게 잡아 물에 놓는다 64

16 굼벵이도 밟으면 꿈틀 한다 68

17 초가삼간 다 타도 빈대 죽은 것만 시원하다 71

18 참새가 방앗간을 그냥 지나지 못한다 76

19 까마귀 날자 배 떨어진다 79

20 꿩 대신 닭 83

21 촉새가 황새를 따라가다 가랑이 찢어진다 86

22 외손뼉이 소리 날 수 없다 90

23 열 손가락에 어느 손가락 깨물어 아프지 않을까 94

24 소경이 개천 나무란다 97

25 병 주고 약 준다 101

26 긁어 부스럼 105

27 남의 염병이 내 고뿔만 못하다 109

28 체 보고 옷 짓고 꼴 보고 이름 짓는다 114

29 눈 가리고 아웅 한다 118

30 중이 제 머리 못 깎는다 122

31 친 사람은 다리를 오므리고 자고
맞은 사람은 다리를 펴고 잔다 126

32 누울 자리 봐 가며 다리 뻗는다 131

33 행랑 빌면 안방까지 든다 135

34 털어서 먼지 안 나는 사람 없다 139

35 바늘구멍으로 하늘 보기 142

36 내 밥 먹은 개가 내 발뒤축을 문다 147

37 나중 난 뿔이 우뚝하다 152

38 걷기도 전에 뛴다 156

39 속히 더운 방이 쉬 식는다 160

40 뿌리 없는 나무에 잎이 필까 164

1

"어머나! 이를 어쩌니?"

엄마의 외마디소리!! 얼른 뛰어가 보니, 엄마가 세탁기에서 핸드폰을 끄집어내고 있네요. 어쩌나, 얼마 전에 바꾼 최신 핸드폰인데. 엄마 정신없는 건 알아줘야 한다니까요. 그나마 냉동실에서 핸드폰을 찾아낸 그저께 사건은 애교라고나 할까?

벌써 깨끗하게 세탁된 핸드폰을 보며 백 번 후회한들 무슨 소용이 있을까요? 시간을 돌려서 핸드폰을 꺼내 놓은 뒤 세탁을 한다면 모를까. 엎질러진 물입니다.

한 번 엎지른 물은 주워 담지 못한다

말도 마찬가지입니다. 한번 입 밖으로 나오면, 주워 담을 수도 없고 후회를 해도 소용이 없습니다. 심심찮게 정치인들의 말실수가 문제가 됩니다.

선거운동을 하던 한 정치인이,
"60세가 넘는 노인들은 투표를 안 해도 괜찮다."
고 했다가 혼쭐이 났습니다. '아차!' 싶어서,
"정말 잘못했습니다."
라고 노인회에 찾아가 머리를 조아리고 사과를 했어도, '노인을 우습게 보았다.'는 인상은 쉽게 씻기지 않아 아주 혼이 났습니다.

아무 생각 없이 한 말이었지만, 일단 한 말을 도로 잡아들일 수는 없습니다.

한 번 엎지른 물은 어떤가요? 가위질을 잘못 했다면 꿰매 이어 붙여서라도 쓸 수가 있고, 물건을 깼다면 붙여서라도 쓴다지만, 엎지른 물은 다시 주워 담을 수가 없습니다. 물을 엎지르게 된 사정이야 많겠지만, 물이 그런 여러 사정을 보아 가며 안 엎질러질 수는 없습니다.

때때로 일을 저지른 뒤 깊이 뉘우쳐, 다시는 같은 잘못을 저지르지 않고 잘 살기도 합니다. 하지만 한 번 엎지른 물처럼 돌이킬 수 없는 실패를 겪고 한평생 풀이 죽어 사는 사람도 적지 않습니다. 그러므로 미리미리 물을 엎지르지 않도록 조심해야 합니다.

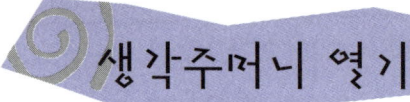 생각주머니 열기

내가 부모님의 마음을 아프게 한 말실수

아무리 가까운 사이라도 하지 말아야 할 말이 있답니다. 엄마나 아빠에게 하지 말아야 할 말을 한 적은 없었나요? 한번 써 보세요.

〈보기〉
엄마가 나보고 못됐다고 그랬지? 그래, 나는 못된 놈이니까 이제부터 아주 못되게 굴 거야!!

부모님이 내 마음을 아프게 한 말실수

엄마나 아빠는 가끔 내 마음을 너무나 몰라주죠. 엄마와 아빠의 어떤 말에 상처를 받았나요? 정말 듣기 싫었던 말을 한번 써 보세요.

〈보기〉
도대체 커서 뭐가 되려고 저러는지.

2

밑 빠진 가마에 물 길어 붓기

가마솥 밑바닥이 빠졌습니다. 아니, 구멍이 났다고 합시다. 아무리 물을 길어다 부은들 헛일입니다. 물을 계속 부을 것이 아니라 가마솥 밑바닥부터 잘 때워야지요. 그런데도 세상에는 밑바닥이 빠져 버린 가마솥에 계속 물만 길어다 붓는 것처럼 헛애를 쓰는 일이 많습니다.

비슷한 속담으로는 시루에 물 붓기, 게 등에 소금치기, 한강에 돌 던지기 등이 있습니다. 노력을 안 하는 것은 아니지만, 근본적인 문제를 해결하지 않고 헛애를 쓰는 것을 빗댄 속담들입니다. 시루 밑바닥을 때우고 물을 부어야 하고, 게의 등딱지를 떼어 낸 뒤 소금을 쳐야 합니다. 한강에 무작정 돌을 던져 물길을 막으려 할 것이 아니라, 밑바닥을 잘 살펴 얕고 물살이 약한 곳에 돌을 쌓아야 합니다. 노력해도 안 된다고 섣부르게 투덜거리지 마세요.

"왜 안 되지?"

찬찬히 생각해 보고, 원인을 먼저 고쳐야 합니다.

방 벽에 곰팡이가 자꾸 끼는데, 벽지만 몇 번씩 다시 붙이면 무슨 소용이 있을까요? 조금만 습기가 차도 다시 곰팡이는 올라옵니다. 벽지를 걷어내고 벽 틈에 놓인 수도 파이프에 금이 가지는 않았는지부터 살펴보아야 합니다.

'저축의 날', '저축의 달'을 정하고, 검소하고 알뜰하게 살라고 아무리 강조를 해도, 소비가 미덕이라면서 펑펑 쓰는 사람들의 낭비벽을 고치지 못한다면 소용이 없습니다. 번드르르하게 사치를 하거나 번둥번둥 놀고먹다 보면 당연히 모으는 돈보다 쓰는 돈이 많아집니다. 또, 펑펑 쓰던 사람이 갑자기 쓰임새를 줄이기가 어려워, 높은 이자를 물어 가며 카드 빚까지 내서라도 쓰고야 맙니다.

그러므로 허영과 사치와, 놀고먹기와 돈벼락이 떨어지기를 기다리는 마음을 몰아내기 전에는, 사람들이 건실하게 살기를 기대하기 어렵고, 경제가 건강하게 펴질 수도 없습니다.

여름철만 되면 사람들이 파리, 모기 등쌀에 시달립니다. 난방 시설이 잘 된 탓에 요즘에는 1년 내내 모기에 시달리는 집도 많습니다. 파리약, 모기약에 전자모기향 등등 방법을 다 동원해 봐도, 많이 물리지 않는다 뿐이지 물리기는 매한가지입니다. 왜 그럴까요? 눈앞에 있는 한 마리 파리, 한 마리 모기를 잡는 데만 머리를 쓰기 때문입니다. 그러지 말고, 파리나 모기가 생기기 쉬운 더러운 곳, 이를테면 쓰레기통이나 보일러실, 수채 구멍, 개천을 깨끗이 치우고 약을 뿌려 봅시다. 모기나 파리가 알을 까지 못하게 만든다면 모기를 잡느라고 제가 제 뺨을 치는 일은 없어지겠죠.

파리나 모기의 호텔이랄 수 있는 지저분한 환경을 그대로 두고, 눈앞에 있는 파리와 모기만 잡느라고 씨름을 하는 것은 밑 빠진 가마솥에 물을 길어다 붓는 것과 마찬가지입니다.

생각주머니 열기

밑 빠진 가마에 물을 붓는 것과 같은 경우를 한번 이야기해 봅시다.

〈보기〉

과학의 달 포스터를 그리고 있습니다. 우주도시를 그리는데, 어떤 우주도시를 그려야 할지 생각이 완전하게 떠오르지 않아서 밑그림이 좀 엉성했습니다. 귀찮아서 대충 그리고 색칠로 들어갔습니다. 하지만, 어디에 무슨 색을 칠해야 할지 분명하지가 않습니다. 나름대로는 문제를 해결한다고 이 색, 저 색 섞어서 칠하다 보니 전체 그림이 정말 이상해지고 말았습니다. 아예 처음부터 밑그림을 잘 그려 놓고 색깔도 생각을 하고 시작할 걸…….

3

물은 건너 봐야 알고 사람은 지내 봐야 안다

가끔 물이 얕은 줄 알고 별 생각 없이 철벅철벅 건너가다가 키를 넘는 물에 빠져 죽는 사고가 납니다. 반대로 깊을 것 같아 조심조심 들어서 보니 물이 정강이에도 못 미치는 경우가 있기도 합니다.

물이 깊은지 얕은지는 물에 들어가 보지 않고는 모릅니다. 사람도 마찬가지입니다. 한두 번 보아서는 그 사람을 알기 힘들고, 얼마간 사귀어야 비로소 속마음을 알 수가 있습니다.

절친한 두 사람이 길을 가다가
산속에서 큰 곰을 만났습니다.

한 사람은 곰을 보자 저만 재빨리
나무 위로 올라가서 숨었습니다.
한 사람은 할 수 없이 땅에 엎드려
죽은 사람 시늉을 하였습니다.
어슬렁어슬렁 곰이 다가와
머리에서 발끝까지 킁킁 냄새를 맡더니
그대로 지나가 버렸습니다.

그제야 나무에서 내려온 친구가
혼쭐이 난 친구에게 물었습니다.
"휴우! 별 일 없이 지나가 정말 다행이네.
그런데 그 곰이 자네 귀에
입을 대고 뭐라고 하는 것 같던데?"

그 친구는 옷에 묻은 흙을 툭툭 털며
빙그레 웃으며 말했습니다.
"친한 체하다가도 죽을 고비에는
저만 혼자 내빼는 그런 사람하고는
다시는 사귀지 말라고 하데."

셰익스피어의 유명한 비극인 『리어왕』에 보면 세 딸이 나옵니다. 셋째 딸은 아버지에게 달콤한 아양을 떨지 못해서 효심이 부족하다는 평을 받고 쫓겨납니다. 하지만, 아버지를 위해 목숨이라도 바칠 것 같았던 두 언니는 왕국을 물려받는 순간 아버지를 내쫓아 버립니다. 결국 초라한 늙은 아버지를 받아 주고, 아버지를 위해 왕국을 되찾아 주려다 죽은 것은 쫓겨났던 셋째 딸이었습니다.

실제로 위험한 상황에 놓였을 때 사람은 본심을 드러냅니다. 바로 그런 상황에서 믿음과 사랑을 잃지 않는 모습을 보여 주는 사람이야말로 정말 가치 있는 사람입니다.

생각주머니 열기

요즘 사람들은 인상이 좋고 잘생긴 사람에게 호감을 갖습니다. 뚱뚱한 사람은 둔하고, 날씬한 사람은 영리하다는 식의 편견도 가지고 있습니다. 이렇게 외모만으로 사람을 평가하면 어떤 문제가 있을 수 있는지 한번 생각해 보세요.

4

집에서 새는 바가지, 들에 가도 샌다

 지하철을 타 보면, 옆 사람이 불편하거나 말거나 다리를 벌리고 자기만 편히 앉거나, 술을 잔뜩 마시고 술주정을 하는 사람들이 있습니다. 심지어 어떤 사람은 사소한 일을 가지고 운전 중인 버스 기사를 마구 때려서 사람들을 공포에 떨게 하기도 합니다.

 가끔 신문에는 우리나라 해외 여행객의 꼴불견 사례가 실립니다. 공항 대합실에서는 둘러앉아 놀음을 하고, 비행기 안에서는 시끄럽게 떠들어 댄다고 합니다. 외국에

나가서는 우리나라 사람들끼리만 몰려다니면서, 서비스를 하는 그 나라 사람에게 막말을 하거나 모욕적인 행동을 해서 우리나라의 이미지를 떨어뜨리기도 한답니다.

이 사람들이 우리나라 안에서는 점잖다가 외국에 나가서만 그렇게 한 걸까요? 절대 그럴 리가 없습니다. 아무리 주의를 주고 단속을 해도 이런 사람이 없어지지 않는 걸 보면, 집에서 새는 바가지가 들에 가도 줄줄 샌다는 말이 꼭 맞습니다. 자리를 옮긴다고 해서 새던 바가지가 새지 않게 되는 것은 아니니까요.

"엄마, 나 휴대폰 바꿔 주라."

"안 돼, 산 지 얼마나 되었다고."

"에이 씨, 다른 애들이 꼬지다고 놀리잖아. 엄마, 재수 없어."

이건 엄마와 아이가 자유롭게 대화를 나누는 게 아닙니다. 그야말로 버르장머리가 없는 막된 말버릇이죠. 이런 말버릇이 습관이 되면 자기만 욕먹는 게 아니라 가정교육이 잘못 되었다고 부모까지 흉을 잡힙니다.

엄마한테 숙제를 미루는 아이들도 있습니다. 아이가 힘들까봐 엄마가 아이의 숙제며 준비물을 대신 해 주니까요. 아이는 너무 편하죠. 하지만 이렇게 습관을 들인 아이는 학교에 가서도 자꾸 남에게 의존하고 미룹니다. 나중에 사회에 나가서도 그럴지 모릅니다. 집에서 새는 바가지는 들에 가서도 새는 법이니까요.

알쏭달쏭 속담 퀴즈!

같은 뜻을 가진 속담끼리 줄로 이어 보세요.

(1) 제비집이 허술하면 큰 바람이 없다. •

(2) 짝 잃은 원앙. •

(3) 벽에도 귀가 있다. •

(4) 우물에 가서 숭늉 찾는다. •

(5) 가죽 없는 털은 없다. •

• 뿌리 없는 나무에 잎이 필까.

• 낮말은 새가 듣고 밤말은 쥐가 듣는다.

• 줄 없는 거문고.

• 콩밭에 가서 두부 찾는다.

• 물가 개미가 이사하면 비 온다.

◎ 정답은 40쪽에 있습니다.

5

물에 빠진 것 건져 놓으니까 내 봇짐 내라 한다

"사람 살려……."

물에 빠진 사람이 허우적거리며 소리소리 질렀습니다. 마침 물가를 지나던 사람이 보고 물에 뛰어들어 간신히 구해 주었습니다.

그런데 일껏 살려 놓았더니, 뚱딴지같은 소리를 하는 게 아니겠어요?

"아니, 내 가방이 어디로 갔지? 이거 큰일 났네. 당신, 내 가방 어쨌소?"

길 가던 사람은 기가 막힙니다.

  이런 일은 세상에 얼마든지 있죠.
  온갖 방법을 동원해 곧 죽을 환자를 살려 놓으니까 치료비를 깎아 달라고 조르는가 하면, 활활 타오르는 불 속을 헤집고 들어가 목숨 걸고 사람을 구하고 겨우겨우 불을 꺼 놓으니까 집이 허물어졌다는 둥, 옷장에 물이 들어찼다는 둥, 귀금속이 없어졌다는 둥 생떼를 쓰는 사람도 있습니다.

27

사람은 혼자 살 수 없습니다. 다른 사람들과 좋은 관계를 맺고 정답게 살아갈 줄 알아야 자기도 행복하고 세상도 따뜻합니다. 때문에 남에게 신세를 졌거나 은혜를 입었다면, 갚지는 못하더라도 고맙게 생각할 줄 알아야 합니다.

그리스 신화에 영웅 이아손의 이야기가 나옵니다. 이아손은 원래 테살리아의 왕자지만, 당시 테살리아의 왕인 펠리아스의 음모로, 콜키스에 가서 황금의 양 가죽을 가지고 와야 테살리아의 왕위를 되찾을 수 있게 됩니다. 그러나 황금 양가죽은 쉽게 얻을 수 없습니다.

이 때, 이아손을 보고 첫눈에 반한 콜키스의 공주 메데이아는 아버지인 왕을 배반하고 이아손을 도와 황금 양 가죽을 얻게 해 줍니다. 이아손은 그녀와 결혼해 자기 왕국으로 돌아왔습니다. 그러나 메데이아의 힘을 빌려 펠리아스를 죽이고 왕위를 찾으려다가 결국 코린트 국으로 도망치게 됩니다. 그런데 거기에서 이아손은 코린트 국의 공주와 다시 결혼해 코린트 국왕의 사위가 되고 맙니다.

남편이 다른 공주와 결혼하는 것에 참을 수 없는 분노와 배신감을 느낀 메데이아는 이아손과의 사이에서 낳은 두 아들과 며느리를 죽이고, 이아손도 어이없는 죽음을 맞습니다. 은혜를 갚기는커녕 그것을 배신했을 때 얼마나 비극적인 결과가 생길 수 있는지를 보여 주는 이야기입니다.

좀더 알아볼까요?

우리나라를 돈으로 흥정한 매국 이야기

우리나라를 물건처럼 팔아먹는다면 얼마쯤 받을 수 있을까요?
조선을 일본에 넘겨주는 데 큰 역할을 한 을사오적 중의 한 사람으로, 대표적인 친일파인 송병준은 당시 일본의 총리였던 가쓰라 다로를 찾아가 조선을 놓고 흥정을 했습니다.

"만일 1억 엔을 내게 준다면 조선을 사게 해 주겠다."

고 큰소리를 쳤습니다. 가쓰라 총리가,

"1억 엔은 너무 비싸다."

고 하자, 송병준은,

"1만 4천 리의 땅과, 거기에서 나는 자원, 2천만 명의 백성이 딸려 있으므로 결코 비싼 값은 아니다."

라고 했다고 합니다. 나라를 시장 바닥에서 물건 흥정하듯이 팔아넘기려고 한 것입니다.

결국 조선이 일본에 합방이 되자, 그는 그 공로를 인정받아 일본으로부터 당시 돈 10만 원과 백작의 작위를 받았습니다. 하지만 예전에 그를 먹여 주고 재워 준 바 있는 민영환은 나라를 빼앗긴 슬픔과 분노를 이기지 못하고 자결했습니다. 어려울 때 보살핌을 받았는데도 나라를 배반한 송병준의 행동이야말로 물에 빠진 것을 건져 주니 봇짐까지 빼앗는 격입니다.

6

물이 깊어야 고기가 모인다

얕은 물에는 고기가 꾀지 않습니다. 물이 깊어야만 안전하고 먹을 것도 많은데다 따뜻하니까, 고기가 많이 모여듭니다. 사람은 어떨까요?
생각이 깊고 마음이 너그럽고 후해 남의 사정을 잘 알아주는 사람일수록 사람이 많이 따릅니다. 톡톡 쏘기만 하면서 남의 흉을 잘 보거나 인정머리가 없는 사람에게는 통 사람들이 붙지를 않습니다. 그야말로 따돌림을 당하기 쉽죠.
물론 인심이나 덕과는 상관없이 사람이 꾀는 경우도 있

습니다. 돈이나 권력 때문입니다. 하지만 이는 사람 자체를 보고 따르는 것이 아니라 조건을 보고 따르는 것입니다. 그러므로 진정 귀한 것은 사람됨입니다.

예전 사람들은 돈이 많고 명예가 높은 것보다 사람 복이 많아서 곁에 늘 사람이 많은 것을 가장 중요하게 생각했습니다. 돈은 하루아침에 잃어버릴 수도 있고, 관직도 힘을 잃고 밀려나면 그만입니다. 하지만 사람은 오히려 큰돈을 벌 수 있게 도와줄 수도 있고, 새로운 희망을 가지게 옆에서 힘이 되어 주기도 합니다.

요한 바오로 2세가 죽었을 때 세계의 수많은 사람들이 안타까운 눈물을 흘렸습니다. 비록 가톨릭 신자가 아니더라도 그가 살아서 사랑과 평화를 위해 얼마나 노력했는지 알기 때문에 세계인이 그를 정신적인 지도자로 생각하고 있었던 것입니다.

물이 깊어야 사람이 모인다는 속담은 어른들에게만 해당되는 것이 아닙니다. 한번 주변을 둘러보세요. 유난히 아이들이 잘 따르고 좋아하는 친구가 있습니다. 인간성이 좋으니까요. 다른 사람을 잘 도와주는 아이, 다들 귀찮아 하는 일을 적극적으로 나서서 하는 아이, 친구의 허물을 감싸 주는 아이에게는 친구들이 따르게 마련입니다.

마음을 크게 가져서, 조그만 일에 성내거나 남을 탓하

지 않는다면 주변에 많은 친구들이 따르게 될 것입니다. 돈은 많다가도 일시에 날릴 수 있지만, 한 번 잘 사귄 친구는 일생을 갑니다.

알쏭달쏭 속담 퀴즈!

뜻이 서로 반대되는 속담을 줄로 이어 보세요.

(1) 낫 놓고 기역자도 모른다. • • 하나를 보면 열을 안다.

(2) 말 안 하면 귀신도 모른다. • • 큰 북에서 큰 소리 난다.

(3) 작은 고추가 맵다. • • 말 많은 집은 장맛도 쓰다.

◎ 정답은 44쪽에 있습니다.

7

윗물이 맑아야 아랫물이 맑다

　청계천이 다시 옛 모습을 되찾게 되었습니다. 서울 시내 한복판으로 맑은 물이 흐르는 개천이 생긴다니 생각만 해도 싱그럽네요. 옛날에는 청계천 옆에 사람들이 많이 모여 살았기 때문에, 많은 아낙네들이 빨랫감을 가지고 나와 청계천에서 빨래들을 했답니다.
　예전에는 청계천만이 아니라 개천가, 냇가에서는 어디서든 빨래를 했습니다. 그런데 그 긴 물줄기를 따라 저 위부터 빨래들을 하니까, 개천 아래쪽에 앉은 사람들은 결국 남이 빨래한 더러운 물에 빨래를 하게 됩니다. 그냥 눈으로 보아서는 물이 맑아 보이니까 저마다 물이 깨끗하거니 생각합니다. 하지만 윗물이 더러운데 아랫물이 맑을 수는 없습니다.

지리산에는 몇 개의 높은 봉우리마다 등산객을 위한 대피소가 세워져 있습니다. 거기에서는 머리 감는 것은 고사하고 설거지를 할 때도 절대 세제를 쓰지 못합니다. 물론 음식 쓰레기를 흘려내려 보내는 것은 엄두도 못 냅니다. 산꼭대기에서 조금이라도 오염이 된 물을 내려 보내면 지리산 골짜기마다 흐르는 계곡 물이 모두 더러워질 것이기 때문이랍니다.

인터넷을 통해 저질 정보들이 아이들에게까지 마구 쏟아 부어지고 있습니다. 욕설, 비방, 말장난에서 어른들에게도 해로울 음란물이 넘칩니다. 이로 인해 모방 범죄를 저지르거나, 게임에 중독되어 공부고 독서고 다 뒷전으로 한 채, 컴퓨터 화면에 붙박여 버린 아이들도 적지 않습니다. 늘 어른들은 이런 아이들을 보면,

"정신 차리고 열심히 공부해라."

"적당히 좀 해라."

하고 끊임없이 잔소리를 늘어놓습니다.

하지만, 결국 그런 프로그램과 정보들을 만들고 인터넷

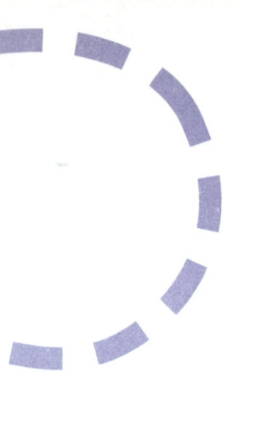

을 통해 퍼뜨리는 사람들은 어른들입니다. 돈벌이를 위해서, 자기의 컴퓨터 기술을 뽐내기 위해서 인터넷을 지저분한 공간으로 만들어 버리고 있습니다. 이렇게 위에서 물을 더럽혀 놓고 아이들에게만 "하지 마라."고 하니, 말이 먹힐 리가 없죠.

이뿐이 아닙니다. 정치하는 사람들도 국회를 난장으로 만들며 치고 박습니다. 그러면서 어린이에게 순수한 동심을 가지고 상상의 날개를 펴라고 합니다. 청소년 보고 열심히 공부해 훌륭한 사람이 되어 미래의 우리나라를 책임지라고 합니다. 하지만 윗물이 맑아야 아랫물이 맑다고, 늘 어른들의 폭력을 보고 크는 아이들이 그 본을 따르지 않을까요?

하지만 이 속담을 뒤집어서 생각해 봅시다. "아랫물이 맑아야 윗물이 맑다."고. 언제까지나 더러운 윗물 탓만 할까요? 늘 윗물 탓만 하다가는 그 물은 영원히 깨끗해질 수 없을 것입니다. 오늘의 아랫물이 자라서 언젠가 이 사회의 윗물이 됩니다. 어른들이 다 더럽혀 놓고 "너희만 깨끗이 하라."고 하는 것이 조금 마음 상하기는 하지만, 어렸을 때부터 깨끗하도록 노력합시다. 윗물이 된 다음에 깨끗해지려고 해서는 이미 때가 늦을 테니까요.

생각주머니 열기

물을 흐려 놓은 어른들에게 할 말은 없나요? 윗물 맑은 세상이 되었으면 좋겠다는 바람을 담아서 어른들에게 편지를 써 봅시다.

〈보기〉

어른들은 참 거짓말을 잘 한다. 계산대에서 순서를 기다리는데, 어떤 아줌마가 간단한 거니까 먼저 계산하면 안 되겠느냐고 한다. 기꺼이 양보를 했더니, 웬걸! 물건 한 보따리를 꺼내 놓으며 계산을 한다. 어이가 없어서…….
정말 그러지들 마세요. 자꾸 거짓말하는 걸 보면 우리도 아무렇지 않게 거짓말을 한다구요. 귀찮으면, 학원 숙제도 없다고 해 버리고, 아니면 그냥 다 했다고 그러고 말죠. 거짓말하면 양심 찔리고 가슴이 쿵덕거리는 그런 반듯한 사람으로 자라게 좀 도와주세요.

8

장 단 집에는 가도
말 단 집에는 가지 마라

장은 우리 음식의 기본입니다. 된장, 고추장, 간장이 달아야 음식 맛이 제대로 납니다. 그래서 맛있는 음식을 먹으려면 장이 단 집에 가야 합니다. 구수한 된장찌개 하나를 먹으려고 줄을 서서 한 시간을 기다리기도 한다잖아요.

그렇지만 조심해야 합니다. 달다고 해서 다 좋은 것은 아니기 때문입니다.

특히 달콤한 말, 알랑거리는 말, 번드르르한 말은 판단력을 흐리게 합니다. 기분 좋게 하는 몇 마디 말에 홀려서 옳은지 그른지 충분히 생각하지 못하고 상대방이 하자는 대로 하기 쉽습니다.

〈벌거벗은 임금님〉을 생각해 보세요. 벌거벗겨 놓고, 좋은 옷이라고 입에 침이 마르게 칭찬을 하는 그 우스꽝스러운 상황에서 아무도 이를 말리지 않잖아요? 달콤한 말은 이렇게 사람을 바보로 만들어 버릴 수가 있습니다. 만일 임금님이 솔직하게,

"내가 부족한 사람이라 그런지 정말 내 눈에는 옷이 안 보이는데……."

라고 한 마디만 했더라도 웃음거리를 면할 수 있었을 것입니다. "좋은 말은 귀에 거슬리나 행동을 하는 데 이롭다."는 옛말도 있습니다. 친구가,

"사실 너는 너무 튀지 않나?"

라고 한 한 마디에 버럭 화를 낸다면, 그 친구는 다시 진심 어린 충고를 하려고 하지는 않을 것입니다.

이제는 맛이 단 집도 조심해야 할 세상입니다. 사람에게 해로운 물질을 넣거나 비위생적으로 음식을 만들어 세상이 발칵 뒤집히는 일이 많지요. 맛이든 말이든, 늘 달콤함에 끌리기 전에 과연 내게 필요한 것인지, 해를 주는 것은 아닌지 잘 생각해 보세요.

생각주머니 열기

말과 관련된 다음 속담들의 공통된 교훈은 무엇일까요?
- 말 한 마디에 천 냥 빚을 갚는다.
- 쏘아 놓은 살이요, 엎질러진 물이다.
- 낮 말은 새가 듣고, 밤 말은 쥐가 듣는다.

〈보기〉
말을 조심해서 해야 한다, 말의 힘이 크다 등등.

❀ 25쪽의 정답

(1) 제비집이 허술하면 큰 바람이 없다. ●   ● 뿌리 없는 나무에 잎이 필까.
(2) 짝 잃은 원앙. ●   ● 낮 말은 새가 듣고 밤 말은 쥐가 듣는다.
(3) 벽에도 귀가 있다. ●   ● 줄 없는 거문고.
(4) 우물에 가서 숭늉 찾는다. ●   ● 콩밭에 가서 두부 찾는다.
(5) 가죽 없는 털은 없다. ●   ● 물가 개미가 이사하면 비 온다.

산에 산에 올라서
건넛산에 대고 불러
보았다.

"여어이!" (여어이!)
"너는 누구냐아?" (너는 누구냐아?)
"나다아." (나다아.)
"냐가 누구냐아?" (냐가 누구냐아?)
"냐가 나지 누구야." (냐가 나지 누구야.)
"무엇이 어째?" (무엇이 어째?)

가루는 칠수록
고와지고 말은 할수록
거칠어진다

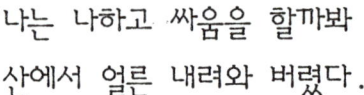

나는 나하고 싸움을 할까봐
산에서 얼른 내려와 버렸다.

내가 지은 동시 중 하나입니다. 기분 좋게 산에 올랐다, 자기가 지른 소리의 메아리에 기분이 상해 울컥하는 꼴이 되고 말았습니다.

흔히 사소한 문제로 티격태격하다가 차차 말이 거칠어지면서 삿대질을 하고 멱살까지 잡게 됩니다. 처음에 어느 한 쪽이 조금 참는다면 그냥 가라앉을 것을, 말을 많이 하다가 일을 망치는 수도 많습니다. 그뿐인가요? 한 입 건너, 두 입 건너 말이 퍼지는 동안, 처음과는 전혀 다른 엉뚱한 소리가 되어 버리기도 합니다.

특히 인터넷이 발달하면서 자기 이름으로 하는 말이 아니라고 아무 말이나 해 대면서 많은 사람들이 피해를 당하고 있습니다. 신경을 써서 올려놓은 자기 사진 밑에 외모를 비웃는 댓글을 달아 상처를 주는 일도 있습니다. 인사 한 마디 없이 욕설로 의견을 대신하는 댓글도 많습니다.

너 잘났다, 나 잘났다 하다 보면 말은 거칠어지고 감정은 상할 대로 상합니다. 그렇게 해서 못 참고 싸우면 속이 후련한 것이 아니라 답답하고 어색한 분위기에 숨이 막힐 것 같죠. 형제간이나 친구 사이라면 안 볼 사이도 아니니, 화해는 해야겠는데, 그 과정이 더 찝찝하고 불편합니다. 그러므로 말로 시시비비를 가리겠다고 덤비기 전에 냉정하게 생각부터 합시다.

좀더 알아볼까요?

인터넷 시대의 말조심, 글조심

세련된 사이버 시민이 되려면 다음과 같은 몇 가지 네티켓 정도는 지켜야 하지 않을까요?

(1) 상대방도 나와 같은 사람입니다.

눈앞의 컴퓨터 모니터가 아니라 나와 똑같은 사람과 대화한다는 것을 알아야 합니다.

(2) 인터넷에서도 법을 지키는 정신은 필요해요.

사이버 공간을 움직이는 주인도 역시 사람이므로 실생활에서 사람들이 충돌을 피하기 위해 법을 지키는 것처럼 인터넷을 사용할 때도 기본적인 법을 지켜야겠죠.

(3) 다른 사람들의 시간도 귀하게 생각해 주세요.

적어도 다른 사람들이 시간을 낭비했다는 생각을 가지지 않게끔, 성의 있게 메일을 보내고, 글을 올려 주세요.

(4) 자기를 근사한 사람으로 만들어 보세요.

기발한 의견도 내보고, 그럴듯하게 비판도 해 보는 것이 가벼운 장난과 욕설로 시간을 보내는 것보다 자기를 훨씬 근사하게 만들 수 있겠죠.

(5) 다른 사람의 정보를 함부로 다루지 마세요.

다른 사람이 모아 놓은 사진이나 그림 자료, 글을 마치 자신의 것인 양 마음대로 사용하는 것은 잘못입니다. 어렸을 때부터 남의 저작권을 존중하는 습관을 들여야 합니다.

(6) 다른 사람의 실수를 너그럽게 봐주세요.

다른 사람에게 반박하고 싶다면 정중하게, 충고해 주고 싶은 내용이 있다면 좋은 쪽으로 도움말을 해 주세요.

❋ 32쪽의 정답

(1) 낫 놓고 기역자도 모른다. ● ─────── ● 하나를 보면 열을 안다.

(2) 말 안 하면 귀신도 모른다. ● ─────── ● 큰 북에서 큰 소리 난다.

(3) 작은 고추가 맵다. ● ─────── ● 말 많은 집은 장맛도 쓰다.

10

죽은 정승이 산 개만 못하다

   정승이란 지금으로 치면 장관급에 해당하는 높은 자리입니다. 그런데 이런 정승이 죽었는데 왜 그 집의 개만도 못하다는 것일까요?

   예나 지금이나 잔치를 하거나 초상이 나면 사람들이 많이 모입니다. 기쁜 일에 함께 기뻐하고 슬픔을 함께 나누려 합니다. 하지만 모든 사람이 이런 순수한 생각으로만 찾아오는 것은 아닙니다.

   평소에 뇌물이라도 쓰고 싶었거나 성의를 표시하고 싶어도 남의 눈이 무서워 그러지 못했던 사람들에게 이런 날은 아주 안성맞춤입니다. 무엇을 주든, 남의 눈에 이상하게 보이지도 않을 뿐 아니라 받는 쪽에서 물리치기도 곤란하니까 자기를 알리는 데 그만인 것입니다.

정승이라면 나는 새도 떨어뜨릴 만큼 권세가 대단한 사람입니다. 그래서 아랫사람도 많이 거느리고, 평소에도 청탁을 많이 받습니다. 이런 사람이 부모상을 당하거나 자식 결혼이라도 시키게 되면 그야말로 문이 미어질 만큼 사람들이 모여듭니다.

그러나 정승 자신이 세상을 떠났다면 이야기가 달라집니다. 그 집에 대해서는 더 기대할 것이 없으니까 사람들의 관심도 멀어집니다.

만일 정승이 살아 있다면 그 집 개가 병이 났다고 해도 달려갈 판입니다.

"아니, 그렇게 잘 크던 마르티즈가 병이 났다면서요? 요새는 괜찮은가요?"

"저한테 순종 진돗개 한 마리가 생겼는데, 개를 좋아하신다니, 드릴까요?"

이쯤 되고 보면, 죽은 정승이 산 개만 못하다는 말을 들을 만도 합니다.

사람의 마음이 이토록 간사한 것은, 이용 가치로 사람을 평가하기 때문입니다. 이용이란 물건에나 해당하는 말입니다. 어떤 물건을 가지고 좋은 방향으로 사용했을 때 우리는 "잘 이용했다."고 합니다. 폐품으로 새로운 물건을 만들었다면 폐품을 잘 이용한 것입니다. 그러나 사람은 물건이 아닙니다. 이용 가치가 없다는 말은 사람에게는 더욱 쓸 수 없는 말입니다. 사람뿐 아니라 생명을 가진 모든 것에 쓸 수 없는 말입니다.

이 속담은 달리 생각하면, 한 번 죽은 뒤엔 권력도 재산도 다 소용이 없다는 것을 뜻합니다. 권력이나 재산을 내세워 사람들 위에서 큰소리를 치고 살아 봤자, 진심에서 우러나는 존경을 받을 수 없다는 것입니다. 그런 식으로 다른 사람들의 관심을 끈 사람은 '죽음=지위가 사라짐'이 되어 버립니다.

성철 큰스님 같은 경우는 살아서는 큰 권력이나 돈과 거리가 멀었습니다. 다만 우직할 만큼 꿋꿋하게 도를 닦아서 사람들에게 정신적인 큰 기둥이 되었습니다. 스님이 돌아가시자 종교가 다른 사람들까지도 애석해 하고 정신적 지도자를 잃었다고 슬퍼했습니다.

자기가 어떻게 사느냐에 따라 사람들이 나를 아끼고 사랑해서 좋아할 수도 있고, 필요해서 좋아할 수도 있습니다. 그러므로 자리가 높거나 낮거나, 항상 겸손하게 남에게 베풀 줄 아는 사람이 되어 보세요.

알쏭달쏭 속담 퀴즈!

여러분의 속담 실력을 알아볼까요?
"서 발 막대 거칠 것 없다."는 속담은 무슨 뜻일까요?

(1) 매우 자신만만한 사람을 나타낼 때.
(2) 패기가 넘치는 모습을 나타낼 때.
(3) 매우 사나운 사람을 지칭할 때.
(4) 몹시 버릇없는 어린아이를 가리킬 때.
(5) 몹시 가난한 처지를 나타낼 때.

◎ 정답은 52쪽에 있습니다.

11

잘 되면 제 탓, 못 되면 조상 탓

새 학기가 되면 학교마다 회장, 부회장을 뽑습니다. 평소에 활발하고 친구가 많거나 앞장서서 일하기 좋아하는 아이들이 주로 선거에 나갑니다. 선거에 나가서 회장에 당선되면 정말 기분이 좋습니다.

'내가 된 게 당연하지. 사실 후보로 나온 애들 중에서는 내가 제일 낫지 않았어?'

유치해 보여서 드러내 놓고 잘난 체하지는 못해도 마음으로는 잔뜩 뻐기고 있습니다. 친구들에게 인기도 많고,

인물도 괜찮고, 공부도 뒤지지 않는 자기 자신이 너무 근사합니다. 자기를 지지해 준 친구들에게 고마워하는 생각은 멀찌감치 가 버리고 없습니다.

반대로 선거에서 떨어진 아이는 집에 와서 엄마한테 화풀이를 합니다.

"거 봐, 내가 안 될 것 같다니까. 엄마가 하도 나가 보래서 나갔더니 이게 뭐야, 괜히 창피만 당하고. 엄마 때문이야."

친구 탓도 합니다. 만일 누구누구만 자기 반으로 왔더라도 틀림없이 당선이 되었을 거라 생각합니다. 고작 다섯 표 차이였는데, 자기 반에 이상한 아이들이 많이 와서 자기가 떨어졌다고도 생각합니다. 그러고 보니 선생님도 공정하지가 않아서 반장이 된 친구에게 말할 시간을 더 많이 줬던 것 같기도 합니다.

남의 탓을 하는 것은 자기 잘못을 숨기는 가장 쉬운 방법입니다. 하지만 그러면 발전이 있을까요?

나이 들어서도 못 살면 부모 탓을 하는 일이 많습니다. 부모 탓만 하나요? 조상 무덤 자리까지 들먹이면서 조상 탓을 하기도 합니다. 이렇게 남의 탓만 하니까, 경제난으로 고통을 받아도, 부실 공사로 피해를 입어도 책임지는 사람이 없습니다. 다 자기 잘못은 아니라고 하니 누구 탓을 해야 할까요?

알쏭달쏭 속담 퀴즈!

괄호 안에 알맞은 속담을 보기에서 골라 보세요.

(1) (　　　)이라고 학교에서 나서는 순간 비가 쏟아지기 시작했다.

(2) (　　　). 네가 그런 식으로 비꼬아서 말을 하니까 저쪽에서도 그렇게 말을 하지.

(3) 환경 보호는 우리 모두의 문제야. (　　　)하듯이 해서는 안 돼.

〈보기〉
① 가는 말이 고와야 오는 말이 고운 법이야
② 가는 날이 장날
③ 강 건너 불구경

❊ 정답은 55쪽에 있습니다.

❊ 48쪽의 정답 : (5)

12

경줏돌이면 다 옥돌인가

경주에서는 옥돌이 많이 납니다. 그런다고 해서 경주에서 나는 돌이 다 옥돌은 아닙니다. 잘 부서지는 돌도 있고, 모양 없는 돌도 있고, 쓸모없는 돌도 수두룩합니다. 다만 다른 데 비해 좋은 옥돌이 많이 난다는 것입니다.

안동이 양반 고장이라고 해서 안동에 사는 사람들이 모두 양반 집안의 후손이고, 엄격하게 전통을 고집하는 것도 아닙니다. 그런 경향, 즉 흐름이 있는 것과 모두 그런 것과는 천지 차이입니다.

그런데도 사람들은 그 사람이 태어난 곳을 가지고 사람됨을 평가합니다. 태어난 곳만이 아니라 그 사람이 속한 집단만 보고 그 사람을 성급하게 판단해 버리는 일도 많이 있습니다.

한동안 조폭 영화가 많이 나왔습니다. 공교롭게도 조폭 조직원들은 대개 전라도 사람이고 조폭이 활동하는 지역도 전라도 지역인 경우가 많았습니다. 전라도 사람은 기분이 나쁠 수밖에 없습니다.

이라크나 팔레스타인을 생각하면 터번을 두르고 총을 멘 게릴라 병사나 폭탄 테러만을 떠올릴 수도 있습니다. 폭력적이고 과격한 사람들이라는 선입견을 가질 수도 있습니다. 하지만 그 땅에서 살고 있는 대다수의 사람들은 소박한 일반 국민들입니다. 전쟁의 공포에서 벗어나지 못한 채 가족 중 한두 명씩을 잃은 슬픔과 절망을 이겨 내기 위해 사원에서 기도를 드리는 순박한 사람들입니다.

때문에 미리 어떤 지역 사람들은 어떻다는 생각을 앞세우기보다 사람의 됨됨이를 먼저 보는 지혜가 필요합니다.

좀더 알아볼까요?

"경춧돌이면 다 옥돌인가"에 숨어 있는 성급한 일반화의 오류

"지하철에서 검은 안경을 낀 시각 장애인에게 돈을 준 일이 있었다. 그런데 지하철에서 내린 그는 안경을 벗고 버젓이 정상인의 모습으로 걸어갔다. 알고 보니 사기였다. 그 다음부터는 검은 안경을 낀 시각 장애인은 모두 가짜라는 생각이 들었다."

한 사람이 거짓으로 시각 장애인 흉내를 냈다고 검은 안경을 쓴 모든 시각 장애인을 가짜라고 할 수는 없습니다. 가짜도 있겠지만, 실제로는 진짜 시각 장애인이 훨씬 더 많을 것입니다. 이렇게 한두 가지의 증거만을 가지고 전체가 다 그렇다고 단정해 버리는 것을 '성급한 일반화의 오류'라고 합니다.

"경춧돌이면 다 옥돌"이라고 하는 속담도 결국은 옥돌이 다른 데보다 많이 난다는 사실 하나만 가지고 경춧돌 전체를 옥돌이라고 한 것이므로 이런 오류를 범한 것입니다.

❁52쪽의 정답 : (1)②, (2)①, (3)③

13

낫 놓고 기역자도 모른다

한글조차 깨치지 못한 눈뜬장님을 가리키는 말로, 결정적 힌트를 눈앞에 놓고도 답을 모르는 답답한 상황을 빗대는 속담입니다.

요즘 아이들은 서너 살만 되어도 한글을 배우고 책을 들춰 봅니다. 한글이 문제가 아니라 영어까지도 어릴 때부터 배웁니다. 하지만 지금도 한글을 잘 모르는 사람들이 있습니다. 주부학교 같은 데서 뒤늦게 초등 교육과정을 마친 사람들은 눈앞이 밝아졌다고 눈물을 흘리며 감격합니다.

아들이 게으르고, 학교 가기 싫어서 요령만 부리느라 한글을 못 배운 게 아닙니다. 일제시대와 6.25전쟁이라는 고달픈 역사를 겪느라, 예전에는 한글을 깨치지 못한 사람들이 많았습니다. 심훈이 쓴 『상록수』를 보면, 1930년대에 젊은 대학생들이 농촌 사람들에게 한글을 가르칩니다. 일본 사람들이 한글을 못 가르치게 방해하는데도 몰래 가르친 것입니다.

이 속담은 글을 잘 읽어도 눈뜬장님으로 지내는 사람들에게도 해당됩니다. 아이들은 박물관으로 체험학습을 많이 갑니다. 학교에서 가건, 개인적으로 부모님과 함께 가건 체험학습의 1단계로 가장 많이 찾는 곳이 박물관입니다.

그런데 박물관에 전시된 수많은 유물들을 보면서도 아이들은 아무런 감흥이 없습니다. 아니, 제일 지루하고 재미없는 것이 박물관 둘러보기라고 생각한답니다. 도자기를 봐도 집에서 쓰는 밥그릇이나 전시품이나 그것이 그것 같고, 왕실의 물품도 아이들의 흥미를 끌지 못합니다. 눈앞에 보이는데도 귀함을 볼 줄 모르고, 알려고 하지도 않습니다. 낫 놓고 기역자를 모르는 것이 바로 이런 경우입니다.

일단 눈앞에 놓인 것이 무엇인지 알아야, 그것이 왜 소중한지도 알 수 있습니다. 첫인상만 보고 사납다고 생각

했던 짝꿍이 사실은 순진하고 너그러운 마음씨의 소유자라는 걸 알았을 때 비로소 친근감을 가지고 친구로 받아들이게 됩니다. 마찬가지로 우리의 유물들이 왜 뛰어난지 알려고 해야 비로소 그 물건들은 생명력을 가지고 자기에게 다가옵니다.

　요즘은 이 속담이 업그레이드되어 "지게 놓고 A자도 모른다."라고 하기도 하죠. 길거리 간판에서 간단한 표기까지 거의 영어로 되어 있어, 나이 든 분들은 젊은 사람에게 일일이 물어 가면서 목적지를 찾아가야 할 판입니다.

세계화 시대에 한글만 고집하는 것은 현명하지 못합니다. 하지만 영어를 익히기 위해서 글을 배우는 건 아닙니다. 영어는 우리 생활을 편하게, 다양하게 해 주는 수단일 뿐입니다. 이렇게 자꾸 불필요한 것까지 모두 영어로 쓰다가는 멀지 않은 미래에 "낫 놓고 기역자도 모른다."는 속담이 사라져 버리는 것은 아닐까요?

좀더 알아볼까요?

브나로드 운동

일제의 식민 통치에 저항하기 위해 동아일보사가 주축이 되고, 조선어학회, 청년 학생 등이 참여한 농촌 계몽운동입니다. '브나로드'란 황제가 다스리던 러시아에서 청년 학생들이 농촌에 들어가 농민들을 깨우치는 운동을 펴며 내건 슬로건에서 비롯되었으며, '민중 속으로'라는 뜻입니다. 전국 주요 도시에서 조선어 강습회를 열었고, 각 지방으로 내려간 학생들은 농민과 농촌 아이들에게 한글 이외에 위생, 음악, 연극을 지도하며 민족의식을 심어 주기 위해 노력했습니다.

14

까마귀는 검어도 살은 희다

미국의 인종 차별은 인권법이 생기면서 불과 40년 전에야 정식으로 사라졌습니다. 우리는 미국이라면 자유와 평등을 생각하지만, 노예로 부림을 당하던 흑인들은 노예 해방 후에도 100여 년을 철저한 차별 속에서 살았습니다.

그 때만 해도 흑인들은 백인들과 같은 버스를 타도 안 되고, 설령 같은 버스를 탄다 해도 지정 자리가 달라서 섞여 앉을 수 없었습니다. 공공 기관은 물론 음식점 출입에도 차별을 두었고, 흑인들만 가르치는 학교가 따로 있어서 많은 흑인 아이들이 고생을 무릅쓰고 먼 지역의 흑인 학교를 다녔습니다.

우리 주변에도 돈 없고 가난해도 마음이 순수하고 착한 사람들이 많이 있습니다. 인상이 흉하다고 마음까지 음흉하다고는 할 수 없습니다. 또 심각한 장애를 가지고 있다고 해서 마음에도 장애가 있는 것은 아닙니다. 욕심 사납고 까다로워 보였지만, 알고 보니 아주 너그럽고 인정 많은 사람들도 적지 않습니다.

그럼에도 우리는 겉모양만 보고 그 사람을 판단해 버리는 잘못을 저지릅니다. 직업이 그럴듯하고 좋은 차에 넓은 집을 소유하고 있으면 일단 호감을 가집니다. 하지만 사기꾼이나 거짓말쟁이들이 제일 잘 쓰는 수법이 이렇게 번지르르하게 모양새를 갖추는 것입니다. 사람들이 겉모양만 보고 쉽게 넘어오니까요. 이런 사람들은 그야말로 '겉은 희어도 속이나 마음은 검은 사람'들입니다.

이런 선입견을 유쾌하게 깨는 영화가 바로 〈슈렉〉입니다. 공주를 구하는 기사가 덩치 큰 못난이 괴물 슈렉이고, 공주도 뚱뚱하고 못생겼습니다. 지금까지의 동화에서는 공주나 왕자는 모두 근사한 미남, 미녀에 흠잡을 데 없는 집안 출신이 대부분입니다.

하지만 슈렉은 겉모습만 봐서는 공주를 납치해 성에 가두는 괴물처럼 보입니다. 마음만 착해 빠졌다 뿐이지 얼

굴도 못난데다가 머리 쓰는 것도 둔하기 짝이 없습니다. 공주 또한 슈렉과 다니면서 뱀으로 장난을 치고, 발차기로 적을 쓰러뜨리는 등 엽기적입니다. 그런데 이 영화는 많은 인기를 누렸습니다. 아마도 겉모습이 검으면 속도 검다고 단정해 버리는 습관적인 생각을 통쾌하게 부숴 버리는 아이디어에 사람들이 홀랑 반한 것이겠죠.

좀더 알아볼까요?

민권법

1964년에 미국에서 시행되기 시작한 법으로, 인종, 피부색, 종교, 출신 국가, 성별의 차별을 없애자는 것이 법의 알맹이입니다. 미국의 시민권과 관련된 가장 중요한 법입니다. 원래 케네디 대통령이 이 법을 통과시키려고 노력했으나, 끈질긴 남부 민주당원의 반대로 상원에서 번번이 거부당했습니다. 케네디 대통령이 암살당한 후 대통령이 된 존슨은 케네디가 추진하던 민권법을 통과시키는 것만이 케네디의 명복을 비는 길이라고 호소하여 마침내 상원에서 이 법이 통과되었답니다.

민권법으로 흑인의 시민권이 보장되어, 학교와 공공시설에서의 흑백 분리주의가 사라지고, 흑백 고용 평등 등이 이루어지게 되었습니다.

15

게 잡아 물에 놓는다

어렵게 게를 잡았으면 시장에 내다 팔든지 음식을 해 먹어야 합니다. 그런데 게를 다시 물에 놓아주었다면, 헛수고를 했다는 뜻입니다.

사람들은 수돗물을 믿을 수 없어 그냥 마시려고 하지 않습니다. 오염된 강물을 생각해도 찜찜하고, 그 물을 걸러서 얼마나 많은 약품을 사용해 사람이 먹을 물로 만들었을까 생각하면 더더욱 꺼림칙해집니다. 그래서 많은 사람들이 언제부터인가 정수된 물을 마시든지, 생수를 사서 마시고 있습니다.

물이 없으면 사람은 살 수 없는데, 물이 자꾸 오염이 되면 식수를 만들기는 점점 더 어려워집니다. 때문에 나라에서는 강의 상류부터 오염 물질이 물로 들어가지 않게 여러 가지 엄격한 보호정책을 실시합니다.

하지만 상수원 보호구역이라고 아무리 말뚝을 박아 놓고 감시를 해도 물을 더럽게 만드는 사람들은 사라지지 않습니다. 불법으로 음식점을 운영하면서 음식 찌꺼기를 그대로 물로 흘려보내거나, 가축을 키우면서 사료 쓰레기나 배설물 썩은 물을 몰래 버립니다. 골프장에서는 잔디를 가꾸느라 엄청난 양의 농약을 뿌리면서 땅을 오염시키고, 빗물을 통해 그 오염된 성분도 그대로 물에 녹아 흘러듭니다. 이 사람들은 걸려도 약간의 벌금만 내면 다시 풀려나기 때문에 수질오염을 막을 수가 없습니다.

쓰레기 분리수거도 그렇습니다. 각 가정에서 쓰레기를 서너 가지로 분리해서 내놓고 있지만, 쓰레기를 처리하는 과정에서 일손이 부족하든지 비용이 더 든다고 분리된 쓰레기를 그냥 한데 섞어 처리해 버리는 일이 있습니다. 쓰레기를 분리해서 버리는 것은 아직 쓸 만한 것을 재활용해서 자원도 아끼고 환경오염도 줄이려는 뜻입니다. 하지만 각 가정에서만 그것을 지킨다면 그야말로 게 잡아 물에 놓아주는 격입니다.

역사적으로도 이런 사례는 많이 있습니다. 해방 후 우리나라가 가장 먼저 하려고 했던 일이 일제의 편에 서서 반민족적 행위를 한 사람들에게 죄를 묻는 것이었습니다. 일제시대라고 해서 모두 독립투사가 될 수는 없는 일이므로, 일제를 도와 일을 한 사람들이 많을 수밖에 없습니다. 그 중에서도 적극적으로 나서서 우리나라 사람들의 재산과 생명을 위협한 사람들은 해방이 되자 죽을 날만 기다리게 되었습니다.

그러나 얼마 안 가 다시 이 사람들이 고개를 들고 돌아다니기 시작했습니다. 그들은 친일파였기에 교육도 받았고 생활수준도 어느 정도 되었으며, 일제하에서 일을 배운 경험이 있었습니다. 새 나라에서 권력을 잡으려는 사람들과 우리나라 사정에 어두운 미군들은 서로를 필요로 했습니다. 그래서 잡혀 들어갔던 반민족 친일파들이 다시 놓여났던 것입니다.

그 당시 민족 앞에 죄지은 친일파들을 풀어 주자, 일반 국민들은 새 나라에 대해 배신감을 느끼게 되었습니다. 게다가 일제에 대항하던 김구 선생 같은 사람이 암살을 당하고, 많은 독립지사들이 공산당으로 몰렸습니다. 힘없이 친일파를 놓아준 것은 일제시대의 악몽을 씻고 정의를 내세워 새 나라를 건설할 수 있는 기회를 놓친 것이기도 합니다. 이 또한 게 잡아 물에 놓아준 격입니다.

알쏭달쏭 속담 퀴즈!

성급한 심성을 나무라는 속담을 모두 찾아보세요.

(1) 공든 탑이 무너지랴.
(2) 절하고 뺨 맞는 일 없다.
(3) 우물에 가 숭늉 찾는다.
(4) 벼는 익을수록 고개를 숙인다.
(5) 새벽달 보려고 초저녁부터 기다린다.

❋ 정답은 75쪽에 있습니다.

16

굼벵이도 밟으면 꿈틀 한다

알에서 나오기는 했지만 아직 제 구실을 못하는 매미 따위의 애벌레를 굼벵이라고 합니다. 아직 약하고 여려, 별 볼 일 없이 생겼습니다. 그래서 사람도 게을러빠지거나 어리석게 생겼으면, '굼벵이 같다'고 합니다. 그러나 아무리 보잘것없는 굼벵이라도 밟으면 꿈틀 움직입니다.

"야, 땅콩!"

"뭐라고?"

"키가 땅콩만하니까 땅콩이라고 그러지, 내가 말 잘못

한 거 있냐?"

"너, 씨이……."

괜한 사람을 건드려 싸움이 커지는 수가 있습니다. 키만이 아닙니다. 말을 더듬거나, 뚱뚱하거나, 느리거나, 둔해도 친구들의 놀림 감이 되곤 합니다. 아무리 참을성이 좋은 친구라 해도 자꾸 놀림을 받으면 성을 내고 덤벼들게 됩니다. 자기보다 못하다고 만만하게 보는 것은 나라와 나라 사이에서도, 한 나라의 국민들 사이에서도 싸움의 원인이 됩니다.

1919년 3.1운동이 왜 터졌는지 생각해 볼까요? 바로 일본 사람들이 굼벵이도 밟으면 꿈틀 한다는 간단한 이치를 깨닫지 못했기 때문입니다. 식민지의 주인이라는 생각만으로 우리나라 사람들을 하인처럼 생각하고 우리나라의 자원과 재산을 마음대로 먹어치우려 했기 때문입니다.

역사상에는 힘없고 약하다고 함부로 백성들을 억압하다가 세상이 뒤집어지는 큰 사건을 불러오게 된 경우가 많습니다. 1789년의 프랑스대혁명도 이에 해당하는 대사건입니다. 미국의 시민혁명도 영국만 잘 살겠다고 영국이 미국 신대륙에 이주한 사람들에게서 너무 많이 빼앗아 가려 한 것이 원인입니다.

이렇게 힘없는 사람들이 들고 일어나 역사를 바꾼 것을

보세요. 이들이 한 번 화를 내면 얼마나 무서운지 알겠지요? 누구나 자기를 업신여기거나 못살게 굴거나 해치려 들 때, 들고 일어나는 것은 당연한 일입니다.

알쏭달쏭 속담 퀴즈!

여러분의 속담 실력을 알아볼까요? 다음 중 뜻이 다른 속담을 골라 보세요.

(1) 낫 놓고 기역자도 모른다.
(2) 가갸 뒷자도 모른다.
(3) 기역자 왼 다리도 못 그린다.
(4) 흰 것은 종이요, 검은 것은 글씨다.
(5) 모르는 것이 상팔자다.

❊ 정답은 78쪽에 있습니다.

17

초가삼간 다 타도 빈대 죽은 것만 시원하다

　세 칸짜리 초가집에 불이 붙어 다 타 버렸습니다. 초가집이니 오죽 잘 탔겠어요? 그런데도 주인은 집 탄 것을 조금도 아까워하지 않고 얄미운 빈대 타 죽은 것만 시원하다고 합니다.

　지금은 생활환경이 깨끗해지고 주변을 철저히 소독하기 때문에 빈대, 이, 벼룩 등을 보기 힘듭니다. 하지만 예전에는 이런 물것들 때문에 밤잠을 설칠 정도로 시달렸습니다. 얼마나 물것들한테 들볶였으면, 집이 타 들어가는데도 빈대 죽는 것만을 기뻐했을까요?

아주 원수 사이인 두 사람이
우연히 같은 배를 타고 가게 되었습니다.
한 사람은 앞쪽에 앉아서 가고,
한 사람은 뒤쪽에 앉아서 가고.
그런데 갑자기 폭풍이 닥쳐와
배가 물에 가라앉게 되었습니다.
뒤쪽에 앉은 이가 선장을 보고
어느 쪽이 먼저 가라앉느냐고 물으니
앞쪽이 먼저라고 그랬습니다.
그러니까 그 작자는 좋아하면서
"원수 놈이 나보다 먼저 죽는 걸
내 눈으로 보게 되니 한이 없구나……."

참 어리석은 생각입니다.

조금 더 목숨이 붙어 있기는 하겠지만, 물에 빠져 죽기는 마찬가지인데, 시원하면 얼마나 시원하고, 고소하면 얼마나 고소할까요? 원수를 갚는 것이 이처럼 어리석은 일이어서, "원수를 사랑하라."는 말까지 성경에 적혀 있는 것입니다.

9.11테러 이후 테러의 범인으로 지목된 오사마 빈 라덴

을 잡기 위해 미국은 아프가니스탄을 침공했습니다. 이미 오랜 내전으로 나무 하나 변변하게 뿌리 내리지 못한 그 나라에 엄청난 양의 폭탄을 퍼붓고, 수많은 지뢰를 깔았습니다. 명분은 오직 하나, 테러의 본거지를 부수자는 것이었지만, 그로 인해 안 그래도 피폐한 아프가니스탄 사람들의 삶은 더욱 절망 속으로 떨어졌습니다.

　폭격 중에 죽지 않고 살아났다고 기뻐할 겨를도 없습니다. 살던 집은 앙상한 뼈대만 남았고, 온통 황량한 황무지뿐인 고향에서 다시 생활의 터전을 일궈야 하는 한심한 지경에 눈물만 흘립니다. 나이 어린 아이들까지도 길가에 널린 지뢰 때문에 불구자가 되는 경우가 부지기수입니다. 결국 오사마 빈 라덴을 잡지도 못하고 아프가니스탄 침공은 흐지부지 끝났습니다.

　하지만 그 후에도 테러는 끊이지 않고 일어나고 있습니다. 아마 새까맣게 재만 남은 초가집 터에서도 미처 타죽지 않은 벼룩이 튀어나올지 모르는 일입니다.

앗, 이런 속담도!

빈대, 벼룩이 들어가는 속담도 많이 있습니다. 그 작은 곤충을 빗대어 무슨 속담을 만들었는지 볼까요?

벼룩의 간을 내어 먹는다.
하는 짓이 몹시 인색함을 이름.

벼룩의 등에 육간대청을 짓겠다.
도량이 좁고 하는 짓이 답답한 사람을 이름.

개털에 벼룩 끼듯.
시시하고 오죽잖은 사람이 끼어드는 것을 이름.

말에 실었던 것을 벼룩 등에 실을까.
능력이 부족한 사람에게 너무 큰일을 시킬 수 없음.

67쪽의 정답 : (3), (5)

18

참새가 방앗간을 그냥 지나지 못한다

방앗간은 방아로 곡식을 찧거나 빻는 정미소와 같은 곳이라고 할 수 있습니다. 그러니 늘 쌀알이 많습니다. 쌀알 같은 낟알을 먹고 사는 참새가 이를 못 본 체하고 그냥 지나갈 리가 없습니다. 그냥 지나가기는커녕, 일부러 찾아듭니다. 그것은 게임에 열광하는 아이가 피시방을 그냥 지나가지 못하고, 반드시 들러서 게임을 조금이라도 해야 직성이 풀리는 것과 같습니다.

아이들에게는 학교 앞 문구점도 참새 방앗간입니다. 간

단한 학용품에서부터 온갖 신기하고 궁금한 물건이 다 있습니다. 그 중에는 일반 상점에서는 도저히 물건이라고 팔기도 어려운 조잡하고 위험한 장난감들도 많이 섞여 있습니다. 이상하게도 아이들은 그런 위험해 보이는 것에 더 관심을 가집니다.

아이들만이 아닙니다. 어른들도 마찬가지입니다. 스포츠에 관심이 많은 아빠는 스포츠 용품점을 그냥 지나치지 못합니다. 엄마도 물건을 싸게 파는 상점을 절대로 그냥 지나치는 법이 없습니다.

이뿐 아니라 욕심쟁이는 조금이라도 이익이 날 만한 일을 그냥 놓쳐 버리는 법이 없습니다. 욕심쟁이에게는 이런 것이 곧 방앗간인 셈입니다. 놀부를 보면, '불 난 데 부채질, 초상난 데 춤추기, 해산한 데 개잡기, 우는 아이 똥 먹이기' 등 온갖 기발한 심술을 다 부리고 다닙니다. 심술을 부릴 만한 상황이다 싶으면 반드시 일을 저지릅니다. 모른 체해도 좋으련만 심술이 끝이 없습니다. 이익이 될 것 같으면 동생 집에서 장롱도 빼앗아 오고, 생으로 제비 다리도 부러뜨립니다.

공직자들도 마찬가지입니다. 늘 중요한 나라 일을 다루기 때문에 정직하고 곧아야 하지만, 이익에 눈이 어두워 뇌물을 받거나 부정한 일을 눈감아 줌으로써 명예를 잃는 경우가 적지 않습니다. 즐거운 방앗간도 있지만, 들어

가서는 안 될 방앗간도 있습니다. 이를 잘 구별할 줄 아는 어린이가 되어야 합니다.

생각주머니 열기

도저히 지나칠 수 없는 나의 방앗간은 어떤 곳인가요? 한번 생각해 보고 적어 보세요.

〈보기〉
학교 앞 떡볶이 집은 우리에게는 참새 방앗간이에요. 늘 집에 가기 전에는 거기에 들러서 떡볶이를 하나씩 사 들고 수다를 떨면서 집에까지 옵니다. 들르지 않는 날은 왠지 허전하고 더 배가 고파요. 이제는 습관이 되어 버린 것 같아요.

❂ 70쪽의 정답 : (5)

19

까마귀 날자 배 떨어진다

까마귀가 나뭇가지에 앉아 있다가 가만히 일어나 날개를 펴고 날아갔습니다. 그 순간 나무에 매달려 있던 배 한 개가 툭 하고 땅으로 떨어졌습니다. 가지가 흔들려서일까요? 까마귀 울음소리에 놀라서일까요? 아니면 떨어질 때가 되어서 그냥 자연스럽게 떨어진 것일까요?

사실은 그도 저도 아닌 우연한 일에 불과했습니다. 까마귀가 날자마자 배가 떨어졌는지, 아니면 배가 떨어지는 그 순간 까마귀가 날아올랐는지조차 모릅니다. 다만

우연히 똑같은 시간에 두 가지 일이 동시에 벌어진 것뿐, 서로 아무 상관도 없었습니다.

어떤 사람이 길가에서 이벤트 사가 주최한 노래 경연대회를 보고 있는데 갑자기 화장실이 급해졌습니다. 주변을 두리번거렸지만 화장실이 안 보여서 집 쪽으로 뛰었습니다. 그런데 마침 그 자리에 있던 한 사람이 소리를 질렀습니다.

"앗! 소매치기를 당했다!!"

그 바람에 집으로 뛰어가던 사람이 억울하게 소매치기 범인으로 오해를 받았습니다. 옛날에도 과일이 열린 곳에서는 갓을 고쳐 쓰지 말고, 외밭에서는 신을 고쳐 신지 말라고 하였습니다. 손을 들어서 머리 위로 가져가는 것을 멀리서 보면 익은 배나 사과를 따먹는 것처럼 보일 수 있고, 허리를 굽혀 아래쪽을 더듬으면 밭에 열린 오이를 따 먹으려는 것처럼 보이기 때문입니다.

이런 경우를 선후인과의 오류라고 합니다. 선후란 먼저와 나중, 인과란 원인과 결과라는 뜻입니다. 즉, 앞뒤 순서로 일어난 사건을 무조건 하나가 다른 하나의 원인이라고 몰아 버리는 잘못을 가리킵니다.

"영희가 제과점에 들어갔어. 어? 영수도 들어가네. 아마 둘이 저기에서 만나기로 했나봐. 사귀는 게 틀림없어."

하는 식의 논리가 바로 여기에 해당합니다.

알쏭달쏭 속담 퀴즈!

여러분의 속담 실력을 알아볼까요? 아무 관심이 없어 서로 본 둥 만 둥함을 뜻하는 속담을 골라 보세요.

(1) 땅 짚고 헤엄치기.
(2) 강 건너 불구경하기.
(3) 사나운 개 콧등 아물 날이 없다.
(4) 소 닭 쳐다보듯, 닭 소 쳐다보듯.
(5) 가랑잎에 불 붙듯.

❋ 정답은 93쪽에 있습니다.

20

꿩 대신 닭

　꿩 고기는 조선 시대에 궁중에서 사랑 받던 최고의 요리 재료입니다. 서민들은 먹고 싶어도 쉽게 구해 먹을 수 없을 만큼 귀했습니다. 잔칫상에 이렇게 귀한 꿩 고기를 쓰고 싶지만, 꿩을 구할 수가 없으면 어떻게 하나요?
　꿩 비슷하게 생긴 닭이라도 잡아서 대신 쓰는 수밖에 없습니다. 구하기 어렵다는 것을 알면서도 끝까지 꿩만 고집하면 옆에서 보는 사람까지 답답합니다.
　독서가 중요하다고 하니까 엄마들이 아이에게 책을 읽

는 습관을 들이려고 동네 도서관에도 데리고 가고, 큰 서점으로 나들이도 합니다. 그 결과 아이가 책에 관심을 보이기 시작했습니다. 만화책입니다.

제대로 된 책을 읽는다면 더욱 좋겠지만, 그나마 아이가 책장 넘기는 즐거움을 알게 된 지금, 만화책을 뺏을 수는 없습니다. 그렇다면 꿩 대신 닭이라고 아이가 좋은 만화책을 볼 수 있게 유도를 해 주면 어떨까요?

또 유명한 가수나 배우에게 사정이 생겨 대타로 시간을 메우기 위해 나온 신인이 자신의 재주를 인정받아 떠오르는 스타가 되는 경우도 있습니다. 뮤지컬〈오페라의 유령〉에서도 원래 주연을 맡은 여가수가 자기에 대한 대접이 소홀하다고 화를 내며 가 버리자, 공연을 취소할 수가 없어 이름 없는 여주인공이 대신 무대에서 노래를 부릅니다. 그런데 맑은 음색과 뛰어난 노래 실력으로 그녀는 하루아침에 떠오르는 스타가 됩니다. 그야말로 꿩 대신 쓴 닭이 화려하게 재탄생한 것입니다.

모두가 꿩만 최고라고 하여 아무것도 꿩을 대신할 수 없다고만 생각한다면 꿩이 아닌 다른 것들은 모두 능력을 발휘할 기회도 잃고 초라한 처지로 살 수밖에 없습니다. 꿩 대신 닭을 쓴다면 첫째, 꿩을 구하는 데 드는 많은 노력과 비용을 절약할 수도 있고, 둘째, 닭의 숨겨진 맛을 발견할 수도 있습니다.

생각주머니 열기

속담을 인용한 다음 글이 왜 올바르지 못한지 설명하고, 알맞은 속담으로 고쳐 봅시다.

우리 속담에 "시작이 반이다."라는 말이 있습니다. 우리나라 사람들은 시작을 중요하게 생각했습니다. 시작이 어설프면 짝수가 노랗다고 하여, 끝도 보나마나 어설플 것이라고 하였습니다.

〈보기〉

- 잘못된 이유: 시작이 반이라는 속담은 일단 시작부터 하라는 뜻이지, 시작이 중요하니까 신중하게 잘 해야 한다는 뜻은 아닙니다.
- 알맞은 속담: 천 리 길도 한 걸음부터. 처음이 나쁘면 끝도 나쁘다.

21

뱁새가 황새를 따라가다 가랑이 찢어진다

뱁새는 참새처럼 생긴 작은 새입니다. 반면 황새는 긴 다리를 가진 커다란 새입니다. 뱁새가 그 가느다랗고 짧은 다리로 황새를 쫓아가자니 다리가 찢어질 수밖에 없습니다. 이처럼 자기 힘에 겨운 일을 억지로 하면 도리어 더 큰 해를 입습니다.

명품이 사람들의 마음을 흔들어 놓습니다. 특히 젊은 여자들은 자기의 가치가 어떤 명품을 입고, 들고 다니느냐에 따라 달라지는 것처럼 생각하는 일까지 있습니다.

 그래서 명품족, 명품 중독이라는 말도 생겨났습니다.
 그런데 멋있게 명품을 걸쳤는데, 차도 없이 터덜터덜 걸어 다닐 수는 없겠지요? 명품으로 쫙 갖추고 나가면 사람들이 다 '있는 집 사람이구나.'라고 생각하는데 시시한 음식점에 가서 밥을 사 먹을 수도 없습니다. 상류층처럼 우아하게 문화생활도 하고, 그럴듯한 곳으로 놀러가고 싶어지는 게 사람의 마음입니다. 그러다 보니 씀씀이는 더 커지고, 마침내 자기 수입으로는 그것을 감당할 수 없는 지경에까지 이르게 됩니다.

촉새는 촉새 나름대로의 장점과 특성이 있습니다. 그것을 인정하고 열심히 노력하면 촉새만의 행복을 찾을 수 있습니다. 그런데도 유독 차이가 심한 다리 길이만 보고 황새처럼 되려고 발버둥을 치는 것은 어리석은 일입니다. 다리의 길이는 상대적입니다. 같은 황새라 해도 제 집단에서 다리가 길 수도 짧을 수도 있으며, 촉새 또한 유난히 빠른 촉새가 있을 수도 있고 다리가 좀 더 긴 촉새도 있을 수 있습니다.

돈이 많고 잘 산다고 해서 꼭 행복하지는 않답니다. 실제로, 행복 지수라 하여 사람이 마음으로 행복을 느낄 수 있는 조건을 가지고 전 세계를 대상으로 조사를 했더니 방글라데시 사람들의 행복 지수가 가장 높게 나왔습니다. 웬일일까요?

방글라데시는 인구는 너무 많은 데 비해 가난하고 초라한 나라입니다. 아마 사는 수준이나 처지가 비슷비슷하다 보니 서로를 비교하지 않고, 나누며 살아서 그런 것은 아닐까요? 예전에 우리나라도 지금보다 훨씬 가난했지만, 이웃집에 숟가락, 젓가락이 몇 개 있는지까지 다 알면서 인심 후하게 나누어 먹으며 살았습니다. 그런데도 우울증에 걸려 자살하는 사람이 많지도 않았고, 도둑질에, 강도에 납치 같은 흉악한 사건도 지금보다 적었습니다. 촉새 나름대로의 행복이라고 할 수 있습니다.

좀더 알아볼까요?

'행복'과 관련된 세계 여러 나라의 속담과 명언

*행복은 지배해야 하고, 불행은 극복해야 한다. -독일 속담

*행복해지려고 하는 마음을 가진 사람은 틀림없이 위대하다.
 -영국 속담

*행복은 무엇보다 건강 속에 있다. - G. W. 커티스

*행복을 사치한 생활 속에서 구하는 것은, 마치 태양을 그려 놓고 빛이 비치기를 기다리는 것과 같다. -나폴레옹

*행복이란 우리 집 화롯가에서 자란다. 그것을 남의 뜰에서 따 와서는 안 된다. -제럴드

*행복하게 지내는 사람은 대개 노력하는 사람이다. 게으름뱅이가 행복하게 지내는 것을 보았는가. 수확의 기쁨은 흘린 땀에 정비례한다. -윌리엄 블레이크

*행복에는 두 갈래의 길이 있다. 욕심을 줄이거나 재산을 늘리거나 하면 된다. -프랭클린

*인생에서 최고의 행복은 우리가 사랑받고 있다는 확신이다.
 -빅토르 위고

*원하는 것을 가질 수 있다면 그것은 커다란 행복이다. 그러나 그보다 더 큰 행복은 우리가 가지고 있지 않은 것을 원하지 않는 것이다. -메네데모스

22

외손뼉이 소리 날 수 없다

언 손도 서로 쥐면
차차 녹아 온다네.
손뼉도 마주 쳐야
소리 낼 수 있다네.

예전에 불렸던 〈나란히 운동〉이라는 노래의 한 구절입니다. 두 사람의 언 손이 따로따로 있으면 쉽게 녹을 턱이 없죠. 언 손을 서로 꼭 쥐고 있어야 체온이 돌면서 따뜻한 기운이 통해 차차 녹아들어 올 것입니다.

손뼉도 마찬가지입니다. 한 손바닥으로 쳐서 소리가 날 수 있나요? 부채질은 한 손으로도 할 수 있겠지만 소리를 낼 수는 없습니다.

축구든 배구든 농구든 어느 단체 운동 경기에서나 가장 잘 하는 선수들이 있게 마련입니다. 흔히 주전선수라고 불리는 이들은 놀라운 개인기를 발휘해 사람들을 흥분시키고 팀의 승리에 결정적인 역할을 합니다.

하지만 만약 그런 선수가 자만심에 빠져서 혼자만 잘난 체하면서 제멋대로 경기를 한다면 그 팀은 좋은 성적을 거두기 어렵습니다. 잘 하는 선수는 그를 받쳐 주는 다른 선수들이 있기 때문에 제 실력을 한껏 발휘할 수 있는 것입니다.

나라의 정치도 마찬가지입니다. 국회는 나라의 법을 만들고 세금을 어떻게 잘 쓰는지 감시하는 일을 합니다. 이런 국회에는 여당이 있고 야당이 있습니다. 아무리 자기 당의 이익을 위해 멱살을 잡고 싸움을 하기는 해도, 이렇게 몇몇 당이 서로 맞서고 있기 때문에 국민들도 제가 옳다고 생각하는 당의 편을 들면서 정치를 지켜봅니다. 하지만 당이 하나뿐이라면, 그래서 그 당이 자기 마음대로 권력을 휘두른다면, 민주주의라는 손뼉 소리는 날 수 없습니다.

2004년 12월의 동남아시아 대지진은 인명 피해만 30만 명을 낸 엄청난 자연재해였습니다. 세계적인 휴양지들이 피해를 입은 탓에 그곳에 갔던 세계 각국의 관광객이 다 피해자가 되었습니다. 이런 거대한 자연재해 앞에서 세계 각국은 팔을 걷어 부치고 나섰습니다.

국제적인 회의마다 그들을 돕는 것이 중요한 안건으로 올라왔습니다. 한 나라에서 거금을 내놓는 것은 불가능하지만, 여러 나라가 나서서 구호금을 모으니 그 액수는 한 나라의 예산에 맞먹을 만큼 커졌습니다. 만일 이를 운수 사나운 몇 나라만의 재해라고 생각해 버리고 남의 일 구경하듯 했더라면, 동남아시아 각국은 피해를 복구할 엄두도 못 낸 채 하늘만 원망했을지도 모릅니다.

그런데 구태여 부딪쳐서 소리 나게 해서는 안 될 경우도 있습니다. 괜히 시비를 걸거나 트집을 잡아 싸움을 만들려는 사람이 있다면 이 쪽에서 피해 버려야 합니다. 한 손만 휘둘러서는 어떤 소리도 날 수 없으므로 상대방이 아무리 싸우려 해도 싸울 수가 없습니다. 결국 제풀에 지쳐서 수그러지고 말 것입니다.

생각주머니 열기

동남아시아 지진 해일로 많은 마을이 무너져 내렸답니다. 그 곳에 고아가 되어 홀로 남겨진 아이들을 생각하면서 위로의 편지를 써 보세요.

〈보기〉

눈이 오기만을 기다리던 크리스마스에 지진과 쓰나미로 엉망이 된 너희 나라를 보았어. 얼마나 놀랐니? 우리나라는 지진이 심한 나라가 아니라서 지진에 대해 잘 모르지만 만일 우리 집이 통째로 흔들리고 무너지기까지 한다면 얼마나 무서울까? 아마 난 도망도 못 가고 울고만 있을지도 몰라. 하지만 언제까지나 슬퍼하지 말아. 우리나라를 비롯해 세계 여러 나라에서 너희를 도와주겠다고 나섰으니까, 곧 너희 마을도 예전의 모습을 회복할 수 있을 거야. 힘 내.

❀82쪽의 정답 : (4)

23

열 손가락에 어느 손가락 깨물어 아프지 않을까

"엄마는 동생만 예뻐해."

"그럴 리가 있니?"

"그러면 왜 내가 가방 정리를 안 하면 잔소리를 하고, 개한테는 아무 말도 안 하는 거야?"

"동생은 이제 겨우 여덟 살이잖니?"

"치이, 나 여덟 살 때는 다 컸다고 해 놓고선……."

흔히 아이들은 엄마나 아빠가 자기 말고 다른 형제를 더 귀여워한다고 불평을 합니다. 그것이 마음에 맺혀서 늘 불만이 가득한 얼굴로 툴툴거리기도 하고, 때로는 해리 포터처럼 자기도 집안에서 구박덩이인 거라고 지레 단정을 하기도 합니다.

　하지만 그렇게 예쁨을 받고 있는 것처럼 보이던 동생도 실은 엄마가 자기보다 형을 더 아낀다고 불만을 가지고 있는 때가 많습니다. 결국은 서로 엄마나 아빠의 사랑을 더 많이 받고 싶어서 야단을 부리는 것입니다.

　글을 쓰는 작가에게 가장 마음에 드는 작품이 어떤 것이냐고 물으면 쉽게 대답하지 못합니다. 어떤 작품이든, 그것을 완성하기까지 엄청난 정성과 열의를 쏟아 부었기 때문에, 잘 된 작품은 잘 된 것대로, 조금 떨어지는 작품은 또 그대로 애착이 가기 때문입니다.

　책상 앞에서 지어낸 작품에도 그런 마음이 드는데 자식은 더 말할 나위가 없죠. 열 손가락 깨물어 안 아픈 손가락이 없다는 말처럼 자식에 대한 사랑에는 차별이 없습니다. 상을 많이 받아오고 공부를 잘 한다고 해서 더 예뻐하지도 않고, 장애가 있거나 느리거나 성적이 떨어진다고 해서 미워하지도 않습니다.

　부모가 자기를 미워한다고 생각하는 것은, 이미 자기가 어떻게 해야 부모를 기쁘게 할지 다 알고 있다는 말이 아닐까요? 자식에 대한 부모의 사랑에는 더 하고 덜 하는 것이 없답니다.

좀더 알아볼까요?

왜 계모는 항상 나쁜 엄마로 그려질까요?

동화를 보면 엄마들은 대개 착하고 온화하고 너그럽습니다. 야단을 쳐도 우아하게 말로만 조금 나무라고, 게다가 몸이 약해서 일찍 죽는 경우가 허다합니다.

그러면 이어서 새엄마가 들어오죠. 새엄마의 공통점은? 사납고, 무섭습니다. 파티에도 자기 자식만 데리고 가지를 않나, 남편에게는 늘 전처 자식이 버르장머리 없이 군다고 모함을 해 대지 않나, 심하면 죽일 궁리까지 합니다.

왜 그럴까요.

이는 아이들에게 세상이 환상적인 것만은 아니라는 것을 어렴풋이 알려 주기 위해서라고 합니다. 늘 동화 속의 세상은 아름답고 신비롭지만, 실제 세상은 그렇지 않은 면이 훨씬 많지요. 엄마만 해도 그렇답니다. 엄마가 늘 천사처럼 인자하게 아이를 돌봐 주지는 않잖아요. 때로는 무섭게 화도 내고 닦달도 합니다.

어른들이야 잘 압니다. 한 사람에게 한 가지 성격만 있는 것이 아니라는 것을. 하지만 한 엄마에게 이렇게 두 가지 면이 있다는 걸 아이들이 받아들이기는 쉽지 않기 때문에 이를 이해시키기 위해서 '계모 환상'을 만들었답니다.

이제 동화를 볼 때, 무조건 보지 말고 '아하! 그래서 이런 이야기가 나오는구나.' 생각하면서 읽어 보세요.

24

소경이 개천 나무란다

어떤 사람이 길을 걷다가 돌부리에 걸려서 넘어졌습니다.

"어이쿠! 이 망할 놈의 돌멩이가 사람을 몰라보고……."

이 사람은 앞이 보이지 않는 소경이었습니다. 그런데 귀도 없고, 눈도 없는 돌멩이를 나무란들 무슨 소용이 있을까요?

"낫, 낱, 낟, 낮, 낯……. 나는 문학박사지만 아직 그 받침들을 제대로 익히지 못했다."

라고 어느 이름 난 학자가 당당하게 말했습니다. 그만

큼 한글이 어렵고 까다롭다는 뜻입니다. 하지만 맞춤법을 제대로 익히지 못한 자신의 잘못을 부끄러워해야 하지 않을까요? 그러기는커녕 한글이 어렵다는 말만 하다니, 소경이 개천 나무라는 격입니다.

학교 급식은 위생이 첫째입니다. 한창 자라는 아이들의 입으로 들어갈 음식을 만드는 것이므로, 거기에서 몇 푼의 이익을 더 내려고 유통 기한이 지난 재료를 쓰거나 지저분하게 보관해서는 안 됩니다. 그런데도 날씨만 더워지면 학교에서 집단 식중독이 심심찮게 발생합니다.

이를 막기 위해 보건복지부 직원들이 조사를 벌여 위생 불량 사실을 집어내면, 해당 업주는 반성하기는커녕 매우 운이 없다고 생각합니다.

'하필이면 바로 그 때 조사를 나온담.'
'누가 몰래 일러바친 건 아냐?'
라고 생각할지도 모릅니다.

엉터리로 운영을 한 자신의 잘못은 인정하지 않고 조사한 사람만 원망하는 것, 그것이 바로 소경이 개천 나무라는 자세입니다.

보상이나 처벌이 공정하게 이루어지지 않는 사회에서는 이런 소경이 개천 나무라는 듯한 일들이 더 많이 벌어집니다. 똑같은 일에 대해서도 어떤 때는 죄를 묻고, 어떤 때는 대충 지나니까 사람들이 자꾸 남의 탓을 합니다.

예를 들어, 탈세를 하면 안 된다는 건 누구나 다 압니다. 하지만 사람들 가운데는 세금을 안 내고 재산을 해외로 빼돌리거나 숨겨 놓고는 무일푼인 것처럼 가장하는 경우가 있습니다. 그래놓고는 이를 밝혀내면 오히려 큰 소리를 칩니다. 그 한 가지 빼고는 법 없이도 살 사람인데, 왜 자기만 괴롭히느냐고 따지기도 합니다.

이렇게 법을 어기는 사람들에게는 철저하게 벌을 주어야 합니다. 단지 운수 사납게 걸려 억울하다는 생각을 하지 못하게 해야 합니다. 그리고 남을 위해 봉사하거나 재산을 사회에 환원하는 사람들에게는 그만큼 인정을 해주어 자부심을 가질 수 있게 해야 합니다. 독립 운동가의 후손들이 나라의 무관심 때문에 어렵게 살고 있다고 합니다. 이렇게 되면 나라가 위험할 때 이제는 누가 나서서 나라 위해 싸우려고 할까요?

앗, 이런 속담도!

눈이 멀쩡해도, 눈앞에서 일어나는 일들을 제대로 보지도, 생각하지도 못하는 어리석은 사람들 때문인지 '소경'이 들어가는 속담들이 의외로 많습니다. '소경'이 들어가는 속담들과 그 뜻을 읽어 보세요.

소경 제 호박 따기.
이득을 볼 줄 알고 한 일이 결국은 자기 손해였음을 이르는 말.

무당이 제 굿 못하고, 소경이 저 죽을 날 모른다.
남의 일은 잘 보아주면서 제 일은 자기가 처리하기 어렵다는 말.

소경 아이 낳아 만지듯.
무엇을 제대로 다루거나 처리하지 못하고 더듬기만 하는 것을 비유하는 말.

25

병 주고 약 준다

   멀쩡한 사람을 병에 걸리게 해 놓고 나서, "이 약 먹으면 낫는다."고 한다면 고맙기는커녕 밉살스럽기 짝이 없습니다.

   우리나라 사람들은 오랫동안 중국 글자인 한자를 쓰면서 살아왔습니다. 그러나 한자는 워낙 글자 수가 많고 어려워서, 그 글자를 다 익힌다는 것은 문 닫고 들어앉아 책만 볼 수 있던 선비들에게나 가능했습니다. 농민이나 부녀자들은 언문이라 부르던 한글을 통해서 의사소통을 하면서 지내 왔지요.

그러다 보니 쉽게 쓸 수 있는 소박하고 쉬운 토박이말들이 어려운 한자말에 많이 밀려나 버렸습니다. 한 술 더 떠 일제시대에 일본식 한자말이 우리글과 말을 온통 어질러 놓았습니다. 예를 들어 '앞의 내용과 같다'를 '상동(上同)', '이 안에 있다'를 '재중(在中)'이라고 쓰는 경우가 있습니다. 화재 예방을 강조하면서 '인화물질 지입 엄금'이라고 쓰면 중국말도 아니고, 일본말도 아니고, 우리말도 아닌 얼치기 말이 됩니다. '지입(持入)'이라는 말은 '모치코미'라는 일본말을 한자로 쓴 글자니 그냥 보아서는 무슨 뜻인지 쉽게 알 수가 없죠.

일본이 우리 땅에서 물러난 지 반세기가 넘었지만 아직도 일본식 표현이 많이 남아 있습니다. 이런 말들은 한자를 풀어 해석하기 전에는 무슨 뜻인지조차 가늠하기 어렵습니다. 이런 현실을 개선해 나가기는커녕,

"한자를 함께 써서 그 뜻을 알아야 한다."

"한글만 써도 충분하다."

라면서 한글만 가르치자고 했다가, 한자를 반드시 가르치라고 하는 등 오락가락 정책을 펴는 것은 그야말로 병 주고 약 주는 격입니다.

일본은 태평양 전쟁을 일으켜 우리나라, 중국만이 아니라 동남아시아 일대에서 수많은 만행을 저질렀습니다. 아시아만이 아닙니다. 당시 일본군에게 포로로 잡혔다가 구

사일생으로 살아난 영국 퇴역 군인들이 일본이라면 치가 떨린다고 하며 절대로 일본과 화해할 마음이 없다고 했답니다. 부엌의 밥숟가락, 솥뚜껑 등 쇠붙이처럼 생긴 것은 다 빼앗아 갔고, 남자는 징용, 여자는 정신대라는 이름으로 끌어다 자기네 전쟁의 부속물처럼 이용해 먹었습니다.

그러고도 크게 반성하는 태도는 보이지 않습니다. 어쩌다 외교적인 반성이 필요할 때면 마지못해 "유감이다." 정도의 표현만 합니다.

그런데 일본의 고이즈미 총리가 고집을 피우며 야스쿠니 신사를 참배했습니다. 그 전에는 워낙 국제 사회의 반응이 안 좋으니까 총리가 신사에 갈 엄두를 내지 못했습니다. 게다가 정신대 문제에 대해서는 모르는 척 외면을 하고, 역사 교과서에는 과거 일본의 잘못을 자꾸 줄여서 넣기에 바쁩니다. 심심하면 독도를 일본 땅이라고 해서 우리나라 사람들의 심사를 뒤집어놓곤 합니다.

이런 일본 총리가 태평양 전쟁의 당사자들이 잠들어 있는 신사를 참배하고 나오면서 '태평양 전쟁에 대한 깊은 반성의 뜻'을 표시했답니다. 도대체 뭘 반성한다는 것인가요? 씻기 어려운 괴로움과 고통을 준 사람들에게 절을 하면서 피해자들에게는 '유감', '반성'이라는 형식적인 말을 하다니, 그들의 자세야말로 병 주고 약 주는 격입니다.

좀더 알아볼까요?

야스쿠니 신사

일본에는 조상이나 자연을 숭배하는 '신도(神道)'라는 고유의 신앙이 있습니다. 이 신도에서 모시는 신을 제사 지내는 곳이 '신사'입니다. 일본에는 대략 8만여 개의 신사가 있다고 합니다. 야스쿠니 신사도 그 가운데 하나로, 일본의 수도인 도쿄 한가운데에 있습니다.

그런데 야스쿠니 신사 참배가 유독 문제가 되는 것은, '일본 천황을 위해 죽은 사람들'을 제사 지내는 곳이기 때문입니다. 즉, 일본 천황을 위해 전쟁에 나갔다가 죽은 군인들을 위한 곳입니다. 태평양 전쟁을 일으키고 수많은 사람들을 죽인 A급 전범인 도조 히데키 등 전범 14명을 신으로 받들며 제사를 지내는 곳이 바로 야스쿠니 신사인 것입니다.

고이즈미 총리는 "전쟁으로 희생된 사람들을 애도하고 다시는 전쟁이 있어서는 안 된다."는 다짐을 하기 위해 야스쿠니 신사를 참배한다고 말합니다. 그러나 야스쿠니 신사에는 전쟁을 일으킨 장본인들의 위패도 모셔져 있기 때문에, 그의 이런 말은 변명에 불과합니다. 게다가 2차 대전 때 엄청난 피해를 입은 주변국들로부터 "과거에 대해 반성하고 있는 것인지조차 의심스럽다."는 항의를 받으면서까지 야스쿠니 신사 참배를 강행해야 하는 것일까요?

26

긁어 부스럼

가렵다고 자꾸 긁다 보면 살이 벗겨지기 쉽고, 벗겨진 데로 나쁜 균이 들어가서 상처가 덧나 부스럼으로 고생하기 쉽습니다. 조금만 참고 견디면 될 것을, 공연히 손을 대 고생을 사서 하는 셈이니, 긁어 부스럼입니다.

수학 계산을 하거나 일기를 쓸 때, 잘 생각해서 또박또박 적지 않고 대충 흘려 썼다가 지우개로 지우고, 또 지우고 해서 종이가 해져 구멍이 생기는 경험을 안 해봤나요? 이것도 긁어 부스럼이라 할 수 있습니다.

그림을 그릴 때 예쁜 색을 낸답시고 이 색, 저 색 섞어 칠하다가 이상한 그림을 그리고 마는 것도 긁어 부스럼입니다. 붓글씨도 마찬가지입니다. 마음을 한데 모아서 단번에 쭉쭉 뻗쳐 써야 힘 있고 보기에도 좋습니다. 그런데 획이 뭉툭하게 되었다고 그은 획 위에 다시 덧칠을 하면 글씨를 망쳐 버립니다. 이 또한 긁어 부스럼입니다.

나라 사이에도 긁어 부스럼은 많이 있습니다. 독도 문

제가 그렇습니다. 어떤 사람들은 차라리 우리나라 군대를 독도에 파견해 주둔하게 하자고 합니다. 반면, 군대를 파견해 국제 사회에서 독도 문제를 확대하다가 오히려 독도를 국제 영토 분쟁지역이라고 선전하는 꼴이 되어 버릴 수 있으니 긁어 부스럼이 될 수도 있다고 반대하는 쪽도 있습니다.

이라크에서 수많은 민간인을 죽인 미국이 북한의 인권 상황이 너무 좋지 않다고 비판을 합니다. 그러나 국제 사회의 반응은 덤덤합니다. 자기가 한 일은 생각지 않고 남을 섣부르게 비판해서 오히려 비웃음을 사기도 하는 것입니다.

하지만 이 세상에는 긁어 부스럼이 되더라도, 밝히고 넘어가야 할 진실들이 많이 있습니다. 몰려다니며 친구들을 괴롭히는 아이들이 있는 것을 알면서도 괜히 긁어 부스럼이 될까봐 선생님에게 알리지 않고 모르는 체한다면 그것은 비겁합니다. 교통사고 현장을 목격하고도 괜히 잘못 신고했다 귀찮게 불려 다닐까 염려해 못 본 척하고 만다면 억울한 피해자를 구할 방법이 없습니다. 이렇게 뒷감당하기가 귀찮아 진실을 모른 체한다면 사람들이 죄 짓는 것을 무서워하지 않게 될 것입니다.

앗, 이런 속담도!

다음은 재미있는 영어 속담입니다. 우리 속담과 같은 뜻을 가진 영어 속담도 있습니다. 한번 읽어 보세요.

제 버릇 남 못 준다.
Habit(혹은 Custom) is (a) second nature.

뛰는 놈 위에 나는 놈 있다.
Diamonds cut diamonds.

서당 개 삼 년이면 풍월을 읊는다.
The sparrow near a school sings the primer.

표범은 자기의 반점을 바꿀 수 없다,
세살 버릇 여든 간다.
A leopard cannot change his spots.
⇒ Can the leopard change his spots?

건강이 보배다.
Good health is a great asset.

27

남의 염병이 내 고뿔만 못하다

염병이란 장티푸스를 가리킵니다. 감기는 순 우리말로 고뿔이라고 합니다. 예전에는 일단 장티푸스가 돌면 많은 사람들이 손 한 번 써 보지 못하고 죽었습니다. 그만큼 무서운 돌림병이었습니다. 이 속담은 남이 장티푸스라는 지독한 열병을 앓고 있어도, 내게는 내가 앓고 있는 감기가 더 아프다는 뜻입니다. "남의 돈 천 냥이 내 돈 한 냥만 못하다."라는 속담과 비슷합니다.

사람은 혼자 살 수 없고, 서로가 서로를 의지하며 살아

갑니다. 친구가 없다면 심심하고 외롭고 마음 한 구석이 왠지 허전할 것입니다. 하지만, 아무리 친하다고 해도 내가 곧 친구가 될 수는 없습니다. 친구는 친구고 나는 나입니다. 내가 친구를 잘 안다고 해도 내가 느끼는 감정을 친구가 똑같이 느낄 수는 없습니다.

때문에 자기의 형편이 가장 우선입니다. 물론 자기 것을 다 내주면서까지 친구의 어려움을 도와준 아름다운 이야기들도 있지만, 대부분의 사람들은 자기 입장부터 생각하게 됩니다. 어렵게 번 전 재산을 아낌없이 사회에 내놓는 사람들의 위대한 점은 이렇게 자기부터 생각하게 되는 이기심을 이겨 냈다는 데 있습니다.

대개의 사람들은 자기가 먹고 살 것을 다 생각한 후에 남을 돕더라도 돕습니다. 자기가 손해 보는데 남을 위해 무엇을 하기란 어려운 일입니다.

제일 재미있는 구경이 '싸움 구경'과 '불구경'이라고 합니다. 사실 생각해 보면 당사자들은 분이 나고 기가 막혀서 뒤로 나가자빠질 일입니다. 하지만 당장 제 일이 아니니 구경하는 사람들은,

"아휴, 저를 어째!"

하면서도 흥미진진하게 구경을 할 뿐입니다.

전쟁 통에 폭격을 맞아 죽은 엄마 시체 옆에서 아이가 우는 장면을 뉴스로 보면서는,

"안됐다."

한마디 할 뿐이지만, 놀이공원에서 자기 아이를 한 시간만 잃어버려도 울고불고 난리가 납니다. 미아보호소에 가면 십중팔구 찾을 수 있지만, 그 곳까지의 거리가 천 리, 만 리나 되는 듯 느껴집니다.

외국에서 자연 재해나 비행기 사고 같은 대형 참사가 터지면, 으레 우리나라 사람이 피해를 입었는가, 아닌가가 먼저 관심의 대상이 됩니다. 아무리 수많은 다른 나라 사람들이 피해를 입었더라도 일단은 우리나라 사람이 먼저입니다. 그 다음에 인도적인 차원에서 구호를 하느니, 마느니 하는 이야기가 오갑니다.

다른 나라도 마찬가지입니다. 우리가 우리의 안전과 발전을 최고로 생각하듯이 그들도 그렇습니다. 미국을 우리나라의 영원한 우방이라고 해서, 두 나라가 마치 형제 이상의 끈끈한 애정을 가진 듯 생각하는 사람들도 있습니다. 하지만 그들도 자기네 이익을 우선으로 생각합니다. 어떤 문제에 대해서건, 먼저 자기 나라에 조금이라도 이익이 될지를 따진 후, 아니라고 생각되면 한 치도 양보를 하지 않는 나라가 미국입니다. 남의 염병보다는 내 감기가 더 아프니까 그런 것입니다.

좀더 알아볼까요?

전쟁보다 더 무서운 전염병

인류는 수많은 전쟁을 겪어 왔습니다. 그 때마다 엄청난 사람이 죽어 갔지요. 하지만 더 무서운 것은 전염병으로 인한 피해였답니다.

고대 아테네와 스파르타는 30년간 전쟁을 벌였습니다. 결국은 아테네가 패배했는데, 패배한 원인은 전쟁 중 발생한 전염병으로 아테네 인구의 4분의 1이 죽었기 때문입니다. 로마 제국이 망하게 된 데도 원인이 많지만, 그 중 하나는 페스트(흑사병)와 천연두가 무섭게 번진 데 있습니다.

나폴레옹이 1812년 러시아 원정에서 성공하지 못하고 후퇴한 이유는 추위와 굶주림 때문이라고 알려져 있습니다. 하지만 발진티푸스라는 유행병도 나폴레옹이 패배하는 데 한 몫을 거들었습니다. 발진티푸스와 이질이 번져서 군대의 3분의 2가 피해를 보았기 때문입니다.

지금은 생활환경이 좋아지고 공중위생을 철저히 하는 탓에 예전의 전염병이 많이 사라졌습니다. 하지만, 항생제를 너무 많이 써버릇하는 것이 문제입니다. 언제 어디에서 항생제에도 끄떡하지 않는 슈퍼 바이러스가 출몰해 사람들에게 걷잡을 수 없는 질병 피해를 입힐지 모른다고 합니다.

28

체 보고 옷 짓고 꼴 보고 이름 짓는다

옷은 몸에 맞게 입는 게 당연합니다. 성장기의 아이라 엄마가 클 것을 계산해 조금 더 큰 옷을 입힌다든지, 유난히 큰 옷이 유행할 때가 아니라면 누구나 자기 몸에 맞는 옷을 입습니다.

이름도 마찬가지입니다. 꼭 사람 이름이 아니라도, 생긴 모양이나 특징 때문에 붙여진 이름들이 아주 많이 있습니다. 호수를 끼고 있다고 해서 '호수 공원', 63층의 높이를 살려 '63빌딩', 나중에는 더러운 물이었다고 하지만, 어쨌든 아주 오래 전에는 맑은 물이 흘렀다고 하여 '청계천'이라고 합니다. 이름을 붙이자면 이렇게 대상이 가진 두드러진 특징을 살려 주게 됩니다.

사람의 경우도 그렇습니다. 본래 가지고 있는 이름은 좋은 한자음이나 돌림자를 이용해 짓거나 뜻과 음이 좋은 한글 이름을 짓지만, 별명은 그 사람의 특성에 따라 붙여집니다. 이상한 별명에 기분이 나쁠 수도 있겠지요. 하지만 별명이 있다는 것은 그만큼 관심을 가지고 지켜보는 친구들이 많다는 뜻이므로 무조건 고깝게만 생각할 일은 아닙니다.

빼빼 마르고 한시도 가만있지 못하는 아이에게 '느림보'라고 하지는 않습니다. 급식을 매일 남기는 아이한테도 '먹보'라고는 절대 하지 않습니다. '빨갱이'라면 피부가 빨개서가 아니라 핏빛을 좋아하는 공산주의자를 가리킵니다. '노랭이'라고 하면 돈 모으는 데만 정신이 팔려서 잘 먹지도 입지도 자지도 않고 어두운 방에서 돈만 세느라 얼굴도 노랗고 마음까지 노래진 사람입니다. 이런 별명을 보면 기가 막히다 싶게 별명의 주인공 성격과 딱 들어맞습니다.

이렇듯 사람이든 사물이든 자기의 격이 있습니다. 스몰 사이즈의 체격을 가진 사람이 빅 사이즈의 옷을 입을 수는 없습니다. 입고 싶을 수야 있겠지만, 그것은 어디까지나 희망사항일 뿐입니다.

　　장소에 따라 만나는 사람에 따라, 그곳의 격에 맞게 행동해야 합니다. 집안 어른들이 잔뜩 모인 자리인데 누워서 뒹군다면 그것은 격에 맞지 않습니다. 놀이동산이라면 마음껏 소리 지르고 놀아도 좋지만, 장례식장에서 그럴 수는 없습니다. 또한 한 반의 회장이나 부회장을 맡았다면, 평소에는 천진난만하게 아이들과 어울려 놀았어도 학급 일은 진지하게 할 줄 알아야 합니다.

　사람들이 자기를 '울보'라고 한다면 섭섭해 하기 전에, '왜 나를 울보라고 할까? 내가 그렇게 툭 하면 우나?'
생각해 볼 줄도 알아야 합니다. 자기는 한껏 점잖게 행동을 했는데, 다른 사람들이 격에 맞지 않는 행동을 했다고 수군거린다면 화부터 내지 마세요.

　'무엇 때문에 그럴까?'
하고 자기를 먼저 되돌아보는 자세가 필요합니다.

　또한 상대방의 흠을 들추어 별명을 붙이고 놀리거나 무안을 주는 것은 잘못입니다. 스스로도 그것이 약점이라고 생각해 주눅이 들어 있는데, 놀려 댄다면 상대방에게 상처를 주기 때문입니다.

앗, 이런 속담도!

다음의 속담들이 어떤 상황에서 쓰이는지 알아봅시다.

소리 없는 벌레가 벽 뚫는다.
아무리 말을 많이 해도 실천하지 않으면 아무 소용없을 때.

종로에서 뺨 맞고 한강 가서 눈 흘긴다.
남에게 욕을 먹을 때는 말 한 마디 못 하고, 엉뚱한 곳에 가서 화풀이를 할 때.

원님 덕에 나발 분다.
남의 덕에 좋은 일이 생길 때.

갓 쓰고 자전거 탄다, 돼지우리에 주석 장식.
어울리지 않아 어색하고 우스울 때.

선불 맞은 호랑이(날짐승, 노루) 뛰듯 한다.
불같이 화를 내는 모습을 표현할 때.

29

눈 가리고 야옹 한다

두 손으로 눈을 가리고 '야옹' 소리를 낸다고 해서 그를 고양이로 알 사람은 하나도 없습니다. 그런데도 이렇게 하는 것은 얕은꾀로 상대를 속일 수 있다고 생각하기 때문입니다. 타조는 사냥꾼에게 쫓겨 거의 잡힐 지경에 이르면 머리를 모래 속에 묻어 버립니다. 자기 눈에는 사냥꾼이 안 보이니까 아마 사냥꾼도 자기를 못 볼 것이라고 생각하나 봅니다. 꿩도 적에게 쫓겨 급해지면 꽁지를 위로 한 채 머리만 숨긴다잖아요. 어리석어 보이지만 세상에는

 이렇게 얄팍한 거짓말로 사람을 속이는 경우가 많이 있습니다.
 정치하는 사람들도 부동산 투기나 아들의 병역문제, 부정한 정치 자금문제 등으로 욕을 먹게 되면, 손사래까지 치면서 기자들에게,
 "절대로 그런 일이 없다. 너무 억울하다."

고 펄펄 뜁니다.

하지만 대부분은 사실로 드러나, 결국은 법의 처벌을 받게 됩니다.

워낙 좁은 땅덩어리를 가진 나라이다 보니까, 우리나라 전 국토가 개발로 몸살을 앓고 있습니다. 새만금 간척지 조성 사업, 핵 폐기물 처리 시설 건설, 터널 공사, 개발제한 지역 해제를 둘러싼 갈등 등 환경에는 위협적이지만 국민들의 쾌적한 생활을 위해서는 하지 않을 수 없는 일들이 쌓여 있습니다.

이런 큰 개발 사업을 하려고 할 때는 솔직해야 합니다. 환경단체와 일반 국민을 상대로 공청회도 열고 공동으로 환경 관련 부작용을 줄일 방도를 찾아야 합니다.

그러나 늘 정부는 일방적으로 쉬쉬 하며 자기들끼리 결정을 해 놓고 눈 가리고 아웅 하는 식으로 마지막에 발표만 합니다. 감정을 내세워 반대만 하는 사람들도 문제지만, 반대할 줄 알면서도 대충 어떻게 해보려는 정부의 자세도 문제입니다.

이렇듯 눈 가리고 아웅 해서는 오래 가지 않습니다. 처음에는 상대를 속여 일이 잘 되는 듯하지만, 결국은 믿음만 잃게 되고, 오히려 나중에 많은 문제를 낳게 됩니다.

생각주머니 열기

당장 편하자고 '눈 가리고 아웅' 했다가 낭패를 겪어 본 일이 있다면 한번 써 보세요.

〈보기〉
집에서 친구들과 음료수를 마시려고 컵을 꺼내다가 실수로 떨어뜨렸다. 다행히 크게 깨지지는 않았으나 손잡이가 똑 부러져 버렸다. 엄마가 가장 아끼는 컵이라 고민이 되었다. 친구들과 의논을 한 끝에 순간접착제를 발라서 손잡이를 그럴듯하게 붙여 놓았다. 정말 감쪽같았다.
하지만 엄마가 저녁 식사 후 우아하게 커피 한 잔을 타서 마시는데, 그만 손잡이가 힘없이 떨어져 깨지고 말았다. 그 바람에 컵은 컵대로, 커피는 커피대로 온 거실을 엉망으로 만들고 말았다. 나는? 물론 엄청 당했다. 엄마한테.

30

중이 제 머리 못 깎는다

문화관광부는 매월 '이 달의 인물'을 발표합니다. 우리 역사에 발자취를 남긴 수많은 사람 중에서 해당 달에 태어나거나, 돌아가셨거나, 기념일이 관련된 인물들을 뽑아 그 훌륭한 일생을 생각해 볼 기회를 가지게 하자는 것입니다. 어느 나라에서나 이렇게 자기 나라에 큰 공을 세운 사람들을 기립니다. 동상도 세우고, 거리나 건물에 그 이름을 붙이기도 하며, 화폐에도 그 사람의 얼굴을 넣습니다.

중이 항상 민머리를 유지하려면 머리카락이 자라기가

무섭게 늘 박박 밀어 주어야 합니다. 하지만 중이 자기 머리를 제 손으로 밀기는 어렵습니다. 뒤통수는 보이지도 않고. 마찬가지로 공을 많이 세운 사람이라고 해서, 자기가 "나는 공이 많다."고 내세우기는 어렵습니다. 더군다나 세상을 떠난 뒤에는 그러고 싶어도 불가능합니다.

그래서 후손들이 나서서 그들의 위대한 점과 가치를 평가하고 위해 줍니다. 그래야 앞으로도 그런 인물이 많이 나올 수 있을 테니까요. 본보기를 삼자는 것입니다.

이 달의 인물 말고도, 남모르게 좋은 일을 하는 사람들을 칭찬하기 위한 상이 많이 있습니다. 이들은 대부분 잘한 일이 남에게 알려지는 것을 쑥스러워하고, 아직 부족한 게 많아 더 노력해야 한다고 말합니다. 이런 사람이 많아지게 하려면, 주위에서 좋은 일을 하는 사람들을 인정하고 존경하는 분위기를 만들어 주어야 합니다.

옛날에는 겸손하게 사양할 줄 모르고,

"내가 이 직책을 맡아서 포부를 펼치겠습니다."

라고 나서면 굉장히 파렴치하다고 생각했습니다. 왕도 마찬가지여서, 난을 일으켜 왕위에 오르더라도 스스로,

"내가 왕이 되마."

라고 하지는 못했어요. 신하들이,

"제발 왕이 되어 주세요."

라고 몇 번을 권하면 마지못한 듯 왕위에 올랐습니다.

수양대군이 조카인 단종을 내쫓고 왕이 되었지만, 그 역시 중이 스스로 머리를 깎을 수는 없는 격이어서, 그를 지지하는 사람들의 권유에 못 이기는 척하며 왕위를 이었답니다.

물론 여기에는 중이 제 머리 못 깎는다는 이유만 있지는 않았어요. 신하들이 자기를 열렬하게 지지한다는 것을 보여 주느라 그렇게 했을 것입니다. 어찌 되었든 욕심 사납게 자기 손으로 왕관을 쓸 수는 없었던 것입니다.

미리 자기 생일이라고 동네방네 알려서 근사한 생일잔치를 하고 선물을 받으면 물론 신나겠죠. 하지만 소문도 안 냈는데, 어떤 친구가 자기의 생일을 알고 선물을 준비해 준다면 얼마나 고마울까요?

이렇게 자기가 나서서 "나한테 좋은 일이 생겼다." "이렇게 좋은 일을 많이 하고 다닌다."고 말하기 애매한 경우들이 많습니다. 괜히 잘난 척하는 것 같기도 하고 쑥스럽기도 합니다. 이럴 때 주위에서 관심을 가지고 함께 기뻐해 주면 어떨까요? 물론 그러기 위해서는 평소에 친구에게 관심을 가지고 세심하게 마음을 써 줄 줄 알아야 하겠지요?

앗, 이런 속담도!

다음은 흔히 쓰이는 속담입니다. 그 뜻을 알아봅시다.

가까운 남이 먼 일가보다 낫다.
멀리 떨어져 있는 친척보다 가까이 지내는 이웃 사람이 더 낫다.

가는 날이 장날.
우연히 갔다가 공교로운 일을 만났다.

가마 속의 콩도 삶아야 먹는다.
좋은 기회가 있어도 하지 않으면 소용이 없다.

고기도 저 놀던 곳이 좋다.
오랫동안 정들고 가까이 지내던 곳이 좋다.

군불에 밥 짓기.
한 가지 일에 곁들여 다른 일까지 한다.

31

친 사람은 다리를 오므리고 자고 맞은 사람은 다리를 펴고 잔다

남을 때린 사람은 죄를 지었으니 마음이 불편합니다. 다리를 오그리고 잘 수밖에요. 반면 얻어맞은 사람은 마음에 거리낄 것이 없으니 두 다리를 쭉 뻗고 잘 잘 수 있습니다.

꼭 주먹이나 몽둥이로만 때려야 때리는 것이 아닙니다. 말로도 때립니다. 동생이 너무 화가 나서,

"형은 무슨 형이야. 공부도 지지리 못하면서 잘난 척만 하고……."

소리를 버럭 질렀습니다. 다시는 보고 싶지도 않은 지

굿지굿한 형!! 으~ 그랬더니 형은 그만 아무 말 없이 자기 방으로 가 버렸습니다. 안 그래도 요즘 공부가 안 된다고 툴툴거리다가 엄마한테 툭 하면 야단을 맞는 형인데. 동생은 '아차!' 싶었지만 이미 엎질러진 물입니다. 물론 형도 상처를 받았지만, 말실수를 한 동생은 훨씬 눈치가 보입니다.

부모 자식간도 마찬가지입니다. 자식이 속을 썩여 사랑의 매를 든 엄마는 너무 마음이 아프고 속이 상해서 밤늦게까지 잠을 이루지 못합니다. 하지만 종아리를 열 대씩 맞은 아이는 쌕쌕 잘 자고 있습니다.

이렇게 다른 사람에게 해로운 짓을 하면 그 사람에게 뭔가 빚을 진 느낌이 듭니다. 그런 마음까지는 아니더라도 찝찝한 기분을 떨칠 수가 없습니다.

물론 역사상 자기의 권력과 부를 과시하기 위해서 닥치는 대로 사람을 괴롭히고 죽인 독재자들이 많이 있었습니다. 로마의 독재자 네로, 러시아의 이반 황제, 독일의 히틀러, 소련의 스탈린 등이 그런 사람들입니다.

그들이 다리를 오그리고 잤는지는 확인할 길이 없습니다. 하지만 적어도 좋은 일을 했다고 떳떳하게 자랑한 것 같지는 않습니다. 그들은 늘 주변 사람들이 배반하지 않을까 초조해 했으며, 자기를 존경하지 않는다고 정신병자처럼 난동을 부리기도 했습니다. 수많은 사람들을 학살하면서 마음이 편안하지는 않았던 모양입니다.

　반대로 맞는 입장이었지만 의연하게 맞음으로써 때리는 사람의 간담을 서늘하게 한 사람들도 있습니다. 간디는 무자비한 식민 지배국인 영국에게 비폭력 무저항주의로 맞섰습니다. 독립을 하려거나 독재에 대항하려면 흔히 병사를 모으고 무기를 갖추어 싸웁니다.

　그런데 간디는 아무도 해 본 적이 없는 새로운 방법으로 때리는 자에게 대항했습니다. 영국은 인도와 비교할 수 없을 정도로 강력한 국가였지만, 간디의 폭력 없는 저항에 부들부들 떨었다고 합니다. 그가 한 일은 다만 군중을 이끌고 '소금 행진'을 한다든지, 연설을 한다든지, 단식을 통해 주장을 밝혔을 뿐입니다.

　이스라엘은 팔레스타인인들이 거의 2천 년을 자리 잡고 살던 땅에 불과 반세기 전에 나라를 세웠습니다. 그렇게 해서 중동 지방에 뒤늦게 자리를 잡으니, 거기에서 오래 잘 살아온 팔레스타인인들과 끊임없이 싸울 수밖에요. 그러자 이번에는 자기 나라를 보호해야 한다는 지독한 이기심으로 이스라엘이 팔레스타인인들에게 지나친 폭력을 휘두르고 있습니다. 요즘은 국제사회도 이스라엘의 폭력성을 비난합니다. 이렇듯 때리는 편은 이유야 어찌 되었든 좋은 평을 받기가 어렵습니다.

좀더 알아볼까요?

간디와 소금 행진

간디(1869~1948)는 인도의 민족운동 지도자이자 사상가입니다. 그는 인도가 영국의 지배를 받고 있던 시기에 인도인에게 자존심과 독립심을 불러일으켜 주었습니다.

젊어서 변호사로 활동하던 그는 소송사건 해결차 남아프리카공화국에 갔다가, 백인들에게 모질게 차별을 당하며 사는 인도인의 현실을 보고 인종차별과 압박에 대한 투쟁을 시작했습니다. 그런데 그는 폭력을 써서 싸우지는 않았습니다. 행진이라든가, 국민 교육, 영국 직물 불매 운동 등 비폭력적인 방법으로 저항의 의지를 강하게 전달했습니다.

소금 행진은 대표적인 예입니다. 1930년 당시 영국은 인도에서 소금을 독점해서 판매하고 있었는데, 소금에 대한 세금을 새로 걷으려고 하였습니다. 이에 반대해 간디는 그를 따르는 사람들과 함께 사바르마티에서 던디 해안까지 80킬로미터를 걸어갔습니다. 그리고 던디 해안에서 진흙에 바짝 엉겨 붙은 소금 결정 몇 개를 집어내 사람들에게 내밀었습니다. 인도의 소금은 인도 사람의 것이라는 그의 강한 메시지는 인도인들을 감격하게 했고, 영국을 당황하게 만들었습니다.

던디 해안까지 행진하는 과정에서 인도의 모든 계급과 계층의 사람들이 영국에 반대하는 마음으로 하나가 되었습니다. 소금이 단순한 먹거리 소금이 아니라 독립성과 자주성에 대한 하나의 상징처럼 받아들여졌습니다.

간디는 폭력에는 한계가 있다고 보았습니다. 한 쪽이 폭력으로 다른 쪽을 누르면, 반드시 당한 쪽에서 보복하기 때문에 폭력은 계속 폭력을 불러올 뿐입니다. 그는 만일 폭력을 쓸 것이냐, 비겁하게 숨을 것이냐의 갈림길에 있다면 폭력을 쓰겠지만, 폭력과 비폭력 중 어느 한 쪽을 택할 수 있다면 비폭력을 택할 것이라고 했습니다.

우리나라의 3.1운동도 비폭력적인 저항운동입니다. 당시에는 감옥으로 끌려가고 죽은 희생자가 많아 큰 손실을 보았습니다. 하지만 사람들의 마음속에 '우리도 저항할 수 있다.' '그 때의 만세 운동은 정말 장했다.'라는 자랑스러움이 남습니다. 그런 자랑스러움과 자신감이 사람들을 건강하게 살아갈 수 있게 해 준답니다.

32

누울 자리 봐 가며 다리 뻗는다

다 큰 어른이 이제 백일 된 아기의 자리에 누워 잘 수는 없겠죠? 키가 2미터 5센티나 되는 거인이 일반 침대에서 잔다면, 몸을 웅크리다 못해 접었다 폈다 하면서 뜬눈으로 밤을 지샐 것입니다.

아직 학원 숙제를 하지 않았는데, 시간을 보니 급하게 서두르면 한 시간에 숙제를 하고 학원에 갈 수 있을 것 같습니다. 그래서 한 시간을 계산하고 먼저 컴퓨터 게임을 했습니다. 하지만 숙제를 시작하고 보니 한 시간으로는 턱없이 부족하네요. 사실은 제 마음으로도 한 시간 안에 다 못 할 것 같았지만, 그냥 할 수 있으려니 생각해 버린 것입니다.

친구들마다 성격이 다 다릅니다. 잘 먹지도 않고 남 먹는 것까지 타박을 하는 친구가 있는가 하면 먹을 것이라면 사족을 못 쓰는 친구도 있습니다. 남이 자기 물건에 손대는 것을 아주 싫어하고 자기 물건은 잘 빌려 주지도 않는 깍쟁이 같은 친구도 있고, 친구한테 무슨 일이 생기기라도 하면 발 벗고 나서서 관심을 가져 주는 친구도 있습니다.

이런 친구들 성격을 뻔히 알면서도 애먼 소리나 행동으로 친구들과 티격태격하는 일이 많답니다. 예를 들어, 꼭 자기 물건은 절대 손도 대지 못하게 하는 친구에게 구태여 뭘 빌려 달라고 했다가, 빌려 주느니, 치사하게 안 빌려 주느니 해 가며 다툽니다.

원래 참견하기 좋아하는 친구인 줄 번연히 알면서 자기에게 생긴 일을 다른 친구에게만 이야기해 주면 그 친구는 자기만 따돌렸다고 엄청 섭섭해 하다가 삐쳐 버립니다. 말도 안 되는 걸 가지고 삐쳤다고 친구를 비웃을 수도 있습니다. 하지만 그 친구 성격을 생각한다면 충분히 그럴 수도 있으니까 미리 배려를 해 주었어야 합니다. 이렇게 친구끼리 잘 지내려면, 누울 자리가 아닌 줄 알면서도 괜히 다리를 뻗었다가 친구도 자기도 기분이 상해 싸우는 일이 없도록 해야겠죠?

생활 보호 대상자가 아주 많이 사는 가난한 동네가 있습니다. 그런데 연말에 각 마을마다 불우이웃 성금을 정해진 액수만큼 모아서 내라고 합니다. 아무리 둘러보아도 그 마을에는 성금을 낼 만한 처지에 있는 사람이 몇 안 되었습니다. 위에서 계획을 세우는 사람이야 각 마을마다 공평하게 액수를 나누어 걷는다고 생각할 것입니다. 하지만 실제로 성금을 걷은 후에는 결국 이 마을 사람들이 성금의 대부분을 받게 될 것이 뻔합니다. 가난한 마을에 이웃돕기 성금을 내라는 것 자체가 누울 자리를 가리지 않고 발을 뻗은 격이 되었습니다.

평소에 힘에 부친다고 운동도 안 하던 사람이 친구들의 꼬임에 넘어가 산에 오르게 되었습니다. 작은 산도 아니고 제법 험하고 높은 산에 무모하게 덤볐습니다. 헐떡거리며 기다시피 올라가기는 했지만, 결국은 탈진해 쓰러져 구조대원 등에 업혀 내려왔습니다.

이렇듯 무조건 욕심만 앞세워 성급하게 무엇을 하려고 해서는 안 됩니다. 그 일이 어떻게 되어 갈지를 미리 생각해 보세요. 성급하게 분수에 넘치는 짓을 하다가는 고생만 하겠죠?

생각주머니 열기

자기 분수를 잊고 너무 욕심을 부리다가 '아차!' 했던 경험이 있다면 한번 써 보세요.

〈보기〉

엄마가 신발을 사러 가자고 하셨다. 가 보니 눈에 확 띄는 신발이 있었다. 정말 예뻤다. 그런데 문제는 그 신발이 워낙 인기가 있어서 잘 팔리다 보니 내 발 치수보다 한 단계 작은 것만 있었던 것이다. 그래도 포기하기에는 너무나 아까워서 억지로 신을 신어 보았다. 잘만 하면 신을 수도 있을 것 같아, 고집을 부려 그 신발을 샀다. 그래서 결과가 어땠냐고? 하루는 어찌어찌 신고 버텼다. 하지만 발이 너무 아프고 불편해서 결국은 포기했다. 욕심 때문에 신발 한 켤레 값만 날렸다. 엄마한테 야단만 맞고.

33

행랑 빌면 안방까지 든다

한 번 양보하면 고마워하기는커녕 야금야금 더 챙겨 가는 얌체족들. 처음에는 미안한 척 소심하게 굴다가, 점점 대담해져서 깍쟁이 같은 짓도 별 거리낌 없이 합니다.

지각대장은 처음부터 지각대장일까요? 아마 처음에는 어쩌다 지각하게 되자 발을 동동 굴렀겠죠. 그러다 지각하는 횟수가 많아지면, 지각할 것을 알면서도 여유만만입니다. 나중에는 지각에도 노하우가 생겨서 구태여 변명도 안 합니다. 느물느물하게,

"죄송합니다. 어쩌다 보니 늦었네요."

하고 싱그레 웃으며 난처한 상황을 벗어납니다.

옛날이야기를 보면, 호랑이가 떡 바구니를 이고 가던 오누이의 엄마에게,

"떡 하나 주면 안 잡아먹지."

라는 유명한 멘트를 날립니다. 엄마는 너무 무서웠지만 떡 하나를 주죠. 그 다음 언덕에서 호랑이는 또 떡을 달래고, 그러다가 결국은 엄마까지 잡아먹고 맙니다. 행랑 빌면 안방까지 든다는 속담에 딱 들어맞는 이야기입니다.

지구상에 동물들이 살 만한 환경을 만들어 준 것이 바로 식물이랍니다. 덩굴 식물들은 땅에 적당한 습기를 머금게 해 주고, 콩과 식물들은 뿌리혹박테리아를 통해서 땅에 영양분을 듬뿍 주었습니다. 그 땅 위에서 초식동물들은 생명을 이어 갈 맛있는 풀과 나뭇잎을 먹고 살 수 있었죠. 초식 동물을 잡아먹고 사는 육식동물들도 이런 과정을 통해 비로소 활동을 할 수 있게 되고.

사람도 처음에는 이렇게 식물이 자라던 터를 빌려 개척하며 삶을 이어 왔습니다. 그러던 것이 점점 땅을 정복해 자기 식성대로 바꾸고, 숲을 다 태워 없애 버린 후 건물을 짓고 도시를 건설했습니다. 함께 어울려 살 줄 알고 너그럽게 터전을 내주었던 자연으로서는 엄청난 배신을 당한 셈입니다.

알쏭달쏭 속담 퀴즈!

각각의 문제에 공통된 단어 한 가지씩을 집어넣어 속담을 완성해 보세요.

(1) 관가 (　) 배 앓는 격이다.
　　그슬린 (　)가 달아맨 (　) 타령한다.
　　산(　) 잡으려다 집(　)까지 잃는다
　　(　) 우리에 주석 자물쇠

(2) (　)을 보기에 아비만한 눈이 없고, 제자를 보기에 스승만한 눈이 없다.
　　부모는 (　)이 한 자만 하면 두 자로 보이고, 두 자만 하면 석 자로 보인다.
　　(　)은 내 (　)이 커 보이고 벼는 남의 벼가 커 보인다.

❂ 정답은 146쪽에 있습니다.

138

34

털어서 먼지 안 나는 사람 없다

　털어서 먼지가 하나도 안 나는 사람이 과연 있을까요? 아무리 깔끔을 떨어도 공기 중에 가득한 먼지 세례를 피할 수는 없겠죠. 혹시 반도체를 만드는 클린룸에서 산다면 모르겠습니다.

　이와 마찬가지로 아무런 흠 없이 세상을 살아가기란 거의 불가능합니다. 혼자 사는 게 아니라 여러 사람들이 복잡하게 얽혀서 살아가니까요. 이쪽에서는 결백하게 완전해 보여도, 저쪽에서 본다면 결점이 나타날 수 있는 게 바로 세상입니다.

'거짓말쟁이의 패러독스'라는 게 있습니다.

"나는 거짓말쟁이다."

라고 누군가 고백했다고 합시다. 그러나 만일 그 사람이 거짓말쟁이라면 솔직하게 거짓말쟁이라고 실토한 것이니까 실은 거짓말쟁이가 아닌 것이 됩니다. 반대로 진짜 거짓말쟁이라면 거짓말쟁이가 한 말이므로 자기가 거짓말쟁이라고 실토한 것도 믿을 수가 없게 됩니다.

이는 말이 가진 모순을 드러내기 위한 사례지만, 사람을 한 쪽 면으로만 볼 수 없다는 것을 의미하기도 합니다.

한번 생각해 볼까요? 지금까지 한 번도 거짓말이라고는 해 본 적이 없었는지, 한 번도 다른 사람 마음을 아프게 한 적이 없었는지, 한 번도 게으름을 부리거나 변명을 하거나 나쁜 짓을 한 적이 없는지.

부정한 사건에 걸려들어도,

"나는 아무 잘못이 없다."

하고 큰소리를 치고,

"거짓말 한 적이 한 번도 없다."

고 당당하게 나서는 사람도 적지 않지만, 알고 보면 흠 없는 사람은 없습니다. 흠이 작냐, 크냐의 차이일 뿐입니다. 그러므로 내게 잘못은 없는지 항상 살피고 반성하는 자세로 살 필요가 있습니다. 하지만,

"다 내 잘못이야, 나 때문이야."
라고 지나치게 반성만 하면 오히려 정신 건강에 좋지 않다고도 합니다. 무조건 다 자기 잘못이라고 자책할 필요는 없습니다. 그래도 최소한,
"다른 사람에게 상처를 덜 주며 살아야겠다."
라는 기준 정도는 필요하답니다. 남의 흠 들추는 데만 열중하지 맙시다. 그만한 흠, 그만한 잘못은 내게도 있는 것이니까.

좀더 알아볼까요?

패러독스

진리에 반대되는 의견이나 말을 가리켜, 역설이라고도 합니다. 언뜻 보면 상식적으로 말이 안 되어 말장난인 것처럼 보이기도 하지만, 진리를 더 강하게 드러내기 위해 많이 사용되어 온 표현 방식입니다. 예를 든다면 "죽고자 하면 살고, 살고자 하면 죽는다."는 말이 있습니다. 앞뒤가 맞지 않지만, 구차하게 살겠다고 매달리지 말고 당당하고 의연하게 살라는 매우 깊은 뜻을 가진 말입니다. 패러독스는 많은 사람들이 자기의 사상을 전달하기 위해 주로 사용했습니다.

35

바늘구멍으로 하늘 보기

우물 안 개구리라는 말이 생각나나요? 태평양도 자기가 사는 우물보다 작을 거라고 생각하는, 지독하게 자기중심주의에 빠진 개구리입니다. 다른 세상을 보지 않고 살 수만 있다면, 언제나 자기가 세상의 중심이고, 자기가 사는 우물이 세상에서 가장 넓은 곳이라고 믿고 있을 테니까, 편하고 행복하겠죠. 내가 쓴 〈우물 안 개구리〉라는 동시입니다.

우물 안 개구리가 저 혼자 하는 말이,
"동해 바다 넓이가 얼마나 되겠는지
이 우물 넓이보다 그리 더 안 넓겠지."

우물 안 개구리가 저 혼자 하는 말이,
"백두산 높이가 얼마나 되겠는지
이 우물 높이보다 그리 더 안 높겠지."

바늘구멍으로 세상을 본다고 생각해 봅시다. 세상이 얼마나 비좁고 답답해 보일까요?

지구의 나이는 45억 년이 넘는답니다. 그런데 그 지구 위에 사는 사람들은 기껏해야 1백 년을 못 삽니다. 사람이 지구상 생명체 중 가장 뛰어나다고 아무리 큰소리를 쳐도 인류가 이 지구에 나타나 터를 잡고 살기 시작한 지 2백 50만 년 정도가 흘렀을 뿐입니다. 그러니 사람의 역사는 지구 역사에 비교할 수조차 없을 정도로 짧습니다.

그런데도 사람이 언제까지나 이 지구의 주인공인 듯 거들먹거리고 있습니다. 함부로 자연을 파괴하고 사람만이 이 세상의 중심이라고 큰소리를 치면서 사람만 잘 살면 된다고 자신만만합니다. 이는 바늘구멍으로 하늘을 보는 것과 다를 게 없습니다.

개구리와 동해 바다의 거북이가 만났습니다.

"이 우물 안에서 사는 게 얼마나 즐거운지 알아? 헤엄치다가 힘들다 싶으면 곧 옆에 있는 우물 가장자리에 얼굴을 내밀고 쉴 수 있지. 또, 장구벌레고 하루살이고 다 나보다야 형편없이 작으니 내가 왕이야. 우물을 독차지하고 살 수 있잖아? 자, 사양 말고 너도 한번 들어와 봐."

그 말을 듣고 거북이가 우물에 들어가려고 왼쪽 발을 넣었으나, 발이 들어가기도 전에 오른쪽 무릎이 우물 턱에 걸려 버렸습니다. 거북이는 하는 수 없이 다리를 빼내며,

"내가 사는 바다는 너무나 넓어서 그 넓이와 깊이를 잴 수도 없어. 7년간 홍수가 나서 세상의 물이 모두 쏟아져 들어와도 바닷물은 조금도 불지 않았고, 7년 가뭄에 모든 것이 타 죽을 때도 물이 조금도 줄지 않았어. 바깥세상이 어떻게 변하든 늘 한결같고 듬직하지. 이게 바로 바다에 사는 즐거움이야."

그 말을 들은 개구리는 깜짝 놀랐습니다. 바다라는 놀라운 세상이 있다는 데 그만 주눅이 드는 느낌이었겠지요.

바늘구멍이 아니라 넓은 가슴으로 하늘을 볼 줄 알아야 합니다. 책은 넓은 하늘을 볼 수 있게 해 주는 도우미입니다. 직접 가서 겪어 볼 수 없는, 보지 않으면 알 수 없는 세상의 수많은 일들을 마치 본 듯, 겪은 듯 알게 해 주니까요.

생각주머니 열기

자기 단점은 안 보고 남의 단점만 찾아내는 사람들의 속성을 꼬집는 속담을 한번 써 보세요.

〈보기〉
- 제 똥 구린 줄 모른다.
- 겨울바람이 봄바람더러 춥다 한다.
- 똥 묻은 개가 겨 묻은 개 나무란다.

138쪽의 정답 : (1) 돼지, (2) 자식

36

내 밥 먹은 개가 내 발뒤축을 문다

"아니, 얘가 왜 그래!"

정성껏 기른 개가 어느 날 발뒤꿈치를 물었습니다. 늘 꼬리를 살랑거리며 애교를 떨던 녀석이 느닷없이 덤벼들다니. 한 식구와 다름없이 생각해 왔는데, 갑자기 배신감이 확 밀려옵니다. 이는 "믿는 도끼에 발등을 찍힌다."는 속담과 같이 믿는 상대에게서 뜻밖의 해를 입었다는 뜻입니다.

중국 진나라 때의 일입니다. 유방과 항우가 각각 군대를 끌고 진나라를 공격하게 되었습니다. 유방이 먼저 진

나라의 수도인 함양에 접근했습니다. 그러자 항우는 유방부터 치려고 했습니다. 경쟁자를 먼저 물리치려는 계산이었죠. 당시 유방은 항우에 비하면 세력도 약하고 군사도 별 볼일 없었습니다. 유방은 항우의 기세에 눌려 어쩔 수 없이 후퇴해 목숨만 건졌습니다.

뒷날 유방은 악착같이 노력해서 항우보다 훨씬 세력이 커지게 되었습니다. 유방은 사신을 보내 항우와 평화조약을 맺자고 했죠. 그래서 홍구의 서쪽은 유방이, 동쪽은 항우가 가지되 서로 침략하지 않는다는, 요샛말로 불가침조약을 맺었습니다.

하지만 유방의 부하인 장량과 진평 등이 유방을 설득했습니다.

"지금 유공께서는 전 영토의 3분의 2를 차지했고, 항우는 지칠 대로 지쳐 있습니다. 평화조약을 맺고 안심하고 있는 지금이 그를 칠 수 있는 기회입니다. 만일 그를 그대로 뒀다가는 다시 세력을 길러서 우리를 위협할 것입니다."

이에 유방은 항우와의 약속을 어기고 총공격을 했습니다. 항우는 도망가다 오강에서 자살하고, 유방은 한나라를 세워 시조가 됩니다. 유방과의 약속만을 믿고 안심하고 있던 항우는 결국 내 밥 먹은 개에게 발뒤축을 물린 격이 되고 만 것입니다.

명성황후가 일본 낭인들에게 살해당하고 단발령이 내려지자 조선 전국이 들끓었습니다. 이 때부터 각지에서 의병들이 활발하게 일어났습니다. 신돌석이란 분도 그 때 일어난 의병 중의 한 사람입니다. 평민 출신이지만 어찌나 신출귀몰했던지 태백산 호랑이로 불렸습니다. 교묘한 게릴라 전법을 써서 치고 빠지는 통에 일본군이 쩔쩔맸습니다. 일본군은 그를 잡으려고 혈안이 되었습니다. 현상금도 걸렸죠. 결국 그는 의병을 일으킨 지 10여 년 만에 참혹한 최후를 맞게 됩니다.

싸우다 잡힌 것도 아니고, 본거지를 습격당한 것도 아닙니다. 현상금을 노린 고종 사촌 형제가 그를 불러 술을 거나하게 먹인 후 죽였다고 합니다. 친척이라고 별 의심 없이 술을 마시고 잠이 든 신돌석은 그만 믿는 도끼에 발등을 찍히고 말았습니다.

사람이 사람을 믿고 사는 것만큼 아름다운 일은 없습니다. 하지만, 얼마든지 믿는 사람에게서 배신을 당할 수도 있는 것이 세상의 이치랍니다. 그러므로 일단은 내 발뒤축을 물리지 않도록 조심해야 합니다.

좀더 알아볼까요?

명성황후

　명성황후는 조선 26대 고종의 비입니다. 1866년, 열다섯 살 때 조선의 26대 왕인 고종의 왕비가 되었지요. 이 때는 서구의 여러 나라들이 자기들이 만든 상품과 원료를 팔기 위해 중국, 일본 등 아시아 각국에게 교역을 허가하라고 총과 대포를 들이대며 위협하던 때였습니다. 이런 어수선한 시기에 민비는 정치에 깊이 관여했습니다. 고종을 움직여 일본에게 문호를 열게 하는가 하면, 한때 청나라와도 친하게 지냈습니다. 그러나 점차 청나라나 일본을 경계하려고 러시아와 아주 가까워졌습니다. 조선을 통째로 삼키고 싶었던 일본은 이렇게 주변 나라를 이용하는 민비를 눈엣가시로 생각했습니다. 결국 경쟁자 청나라를 이기고(청일전쟁) 세력이 강해진 일본은 낭인들을 동원해 궁궐로 쳐들어갔습니다. 그러고는 민비를 찾아내어 살해한 뒤, 그것으로도 모자라 불태워 버리는 만행을 저질렀습니다.

　을미사변 후 폐비되기도 했던 민비는 이후 다시 왕비의 지위를 인정받았고, 고종이 대한제국을 선포하고 황제가 되면서, '명성'이라는 시호를 받아 명성황후로 불리게 되었습니다.

낱말풀이 여행

교역　외국과 서로 오가면서, 상품 등을 거래하여 사고파는 것을 가리킵니다.

문호　출입구, 문. 외국과 교류를 하기 시작하는 것을 '문호를 열었다'고 합니다.

낭인　일정한 직업 없이 이리저리 떠돌아다니며 지내는 사람들을 뜻하며, 후원해 주는 사람에게 얹혀 지내던 일본의 무사들을 가리키기도 합니다.

선전포고　"이제 너희와 싸움을 시작하겠다."고 미리 알리는 것입니다.

시호　제왕이나 학덕이 높은 학자 등이 죽었을 때, 그 공덕을 칭송해 나라에서 내려 주는 이름입니다.

폐비　왕비의 자리에서 물러나게 한다는 뜻입니다.

37

나중 난 뿔이 우뚝하다

낱말풀이를 모아 놓은 사전은, 말이 수풀처럼 우거졌다고 해서 '수풀 림(林)'자를 붙여 사림이라고도 하고, 낱말이 바다처럼 그득하게 담겼다고 해서 '바다 해(海)'자를 써서 언해라고도 합니다. 순 우리말로는 '말광'이라고 합니다. 김칫광, 나뭇광, 쌀광과 같이 말을 잔뜩 넣어 둔 광으로 본 것입니다.

그런데 이 말광은 새로 낼수록 내용이 알차고 좋아집니다. 새로 나오는 것일수록 그 전에 빠져 있던 단어를 더

넣고, 잘못 되었던 것을 고치고 계속 손질을 하기 때문입니다. 나중 난 뿔이 우뚝하다는 것도 마찬가지 뜻입니다.

비슷한 한자 성어에 "청출어람이 청어람"이라는 말이 있습니다. 이는 제자가 스승보다 더 뛰어난 능력을 발휘할 때에 하는 말입니다. 학교에서 선생님이 학생들을 가르칠 때는,

"딱 나만큼만 되면 된다."

고 가르치지는 않습니다.

"열심히 배워서 나보다 나은 사람이 되어라."

고 가르칩니다.

이렇게 계속 새로운 인재가 나오므로 세상은 발전합니다. 묵은 뿔이나 새로 난 뿔이나 늘 똑같다면 발전을 기대하기는 어렵겠죠.

중국의 남북조 시대에 이밀이라는 청년이 공번이라는 스승 밑에서 공부를 하고 있었습니다. 워낙 똑똑했던 이밀은 그야말로 눈부시게 실력이 늘었고, 몇 년 뒤 스승 공번은 이밀이 자기보다도 학문이 깊다는 사실을 인정합니다. 그러고는 이밀에게 학문을 배우겠다고 자청을 하고 이밀 밑에서 공부를 시작했다고 합니다.

스승이었다가 제자가 된다는 것은 웬만한 인격을 가진 사람이 아니고서는 하기 힘든 일입니다. 하지만 스승으로서 제자가 자기를 능가하는 실력을 가지게 된 것을 보

는 것도 큰 보람이었을 것입니다.

우리나라는 지금 IT강국으로 이름을 떨치고 있습니다. 최첨단 정보 통신 기기는 이미 세계 최고 수준입니다. 자동차, 조선, 철강, 건설 등 기초 산업도 세계를 무대로 할 만큼 탄탄하고 질이 높습니다. 할리우드 영화가 판을 치는 세계 영화 시장에서 우리나라는 관객의 반 이상이 국산 영화를 즐깁니다. 아주 특이한 경우입니다. 그만큼 국산 영화의 질이 높기 때문에 가능한 일입니다. 게다가 우리나라에서 만든 드라마와 영화가 외국으로 수출되고, 아시아에서는 한류 바람이 불 정도로 문화적인 발전도 두드러집니다.

어느 나라도 전쟁의 폐허를 딛고 단 50년 만에 우리나라가 이렇게까지 발전하리라고는 예상하지 못했습니다. 6.25전쟁 직후, 어찌나 처참하게 부서져 버렸던지 외국의 신문기자가 우리나라를 보고, "쓰레기더미에서는 장미꽃이 필 수 없다."고 했답니다. 여기에서 '장미꽃'은 민주주의를 가리키는 말이지만, 얼마나 암담해 보였으면 그런 말을 했을까요?

그러므로 지금의 발전은 어디에 가서라도 자랑할 만합니다. 부모 세대의 어두운 현실을 이겨 내려는 자식 세대의 노력이 계속되어 지금과 같은 발전이 이루어졌으니, 이것이 바로 나중 난 뿔이 우뚝하다는 격입니다.

생각주머니 열기

우리나라의 큰 숙제는 바로 통일입니다. 통일을 바라는 마음으로 북한 어린이에게 편지를 써 보세요.

〈보기〉
안녕? 나는 서울에 사는 한동희라고 해. 지금 초등학교 5학년이야. 남한에서는 초등학교를 6년 동안 다녀야 하거든. 친구들하고 노는 건 재미있는데, 은근히 공부할 게 많아서 정말 힘들어. 영어도 해야 하고, 수학은 너무 어려워. 참, 너희는 미국을 몹시 미워한다면서? 그러면 영어를 배우지 않는 거 아냐? 와, 부럽당~

38

걷기도 전에 뛴다

"처음에는 네 발로 다니다가 그 다음에는 두 발로 다니고, 나중에 세 발로 걷는 것이 무엇?"

"사람이지."

누구나 이 과정을 거칩니다. 똑똑하다고 해서 태어나자마자 두 발로 걷는 법도 없고, 특별한 장애가 있지 않는 한 젊어서 지팡이를 짚고 다니는 사람도 없습니다.

그런데 아기들은 늘 생채기를 달고 삽니다. 콧등도 깨지고, 이마도 무사하지 못합니다. 제대로 걷지도 못하면서 마음만 앞서서 뛰려다가 엎어지고, 엎어지고 하니까 상처가 가실 새가 없는 겁니다.

"이도 아니 난 것이 뼈다귀 추렴."이라는 속담도 있습니다. 이도 없으면서 딱딱한 생선 가시나 고기 뼈를 깨물어 먹을 수는 없겠지요. 아무리 먹고 싶어도 이가 날 때까지 기다려야 합니다.

이처럼 모든 일에는 순서가 있습니다. 앞뒤 차례가 바뀌어 버리면, 애는 애대로 쓰고 일은 일대로 안 됩니다.

"아, 글쎄. 우리 집 아이는 어른들이 읽는 소설책을 줄줄 읽는다니까요."

"우리 아이는 이제 네 살인데 영어를 얼마나 잘 알아듣는지, 믿을 수가 없을 정도예요."

엄마들은 자식 자랑에 신이 났습니다. 그러나 아무리 소설책을 잘 읽고 영어를 잘 들을 줄 알면 뭐 하나요? 아이가 그 뜻이나 맛을 얼마나 제대로 알고 있는지가 중요한 걸요. 다른 공부도 마찬가지입니다.

글짓기건, 음악이건, 그림이건 쉬운 기초부터 차차 익혀 나가는 것이 중요합니다. 조금 잘 하는 것 같다고 해서 별안간 어렵고 힘든 단계로 끌어올려 버리면, 재미보다는 지겹고 징그러운 고생거리가 될 뿐입니다.

한글 맞춤법도 잘 모르면서 글씨에 잔뜩 멋을 부려 흘려 써 버릇하거나, 낫 놓고 기역자도 모르면서 영어로 씨

부렁거린다면 이야말로 걷기도 전에 뛰다가 코방아를 찧는 어리석은 짓입니다.

　모든 일에는 기초가 중요합니다. 글짓기를 하나 하더라도 무엇을 어떻게 쓸 것인지 곰곰이 궁리해 보고 생각을 다 정리한 후에 쓰기 시작해야 합니다. 무작정 원고지에 쓰기부터 해 보세요. 쓰다 말고 고민하고, 또 쓰다 말고 쓸 게 없다고 하소연을 해 대니 좋은 글이 될 리가 없습니다.

　예전에 기초를 튼튼히 하지 않았다가 성수대교와 삼풍백화점이 무너져 내렸답니다. 아무리 하잘것없는 것처럼 생각되어도 기둥을 튼튼하게 세우는 작업부터 잘 해야 하고, 아무리 시간에 쫓겨도 이음새는 잘 조여져 있는지, 마무리에 빈틈이 없는지 다 확인하고 겉을 꾸미는 작업에 들어가도 늦지 않습니다. 걷기도 전에 뛰는 격으로 공사를 대충 한 결과 수많은 사람들이 사고를 당해 죽었고, 재산 피해도 컸습니다.

　이렇게 호되게 경험을 해 놓고도 그런 실수를 반복한다면 정말 부끄러운 일입니다. 늘 차근차근 순서를 밟아 가는 자세가 필요합니다.

알쏭달쏭 속담 퀴즈!

여러분의 속담 실력을 알아볼까요? 잠시 효력을 얻었을 뿐, 곧 효력이 없어짐을 뜻하는 속담을 골라 보세요.

(1) 서당 개 삼 년이면 풍월을 읊는다.
(2) 오래 움츠린 개구리가 멀리 뛴다.
(3) 도랑 치고 가재 잡기.
(4) 마파람에 게 눈 감추듯.
(5) 언 발에 오줌 누기.

◎ 정답은 167쪽에 있습니다.

39

속히 더운 방이 쉬 식는다

냄비근성이라는 말을 들어 보았나요? 쉬 끓어오르다가 쉬 식는 우리나라 사람들의 성격을 빗댄 말입니다. 속히 더워진 방만 빨리 식는 것이 아니라, 얇은 냄비도 불에서 내려 놓으면 금세 식어 버립니다.

미군 장갑차가 여중생 둘을 치여 죽이는 사건이 있었습니다. 전국이 벌집을 쑤신 듯 들끓었습니다. 날마다 미군의 횡포를 규탄하는 집회와 시위가 줄을 이었습니다. 또, 중국이 고구려 역사를 자기 나라에 집어넣으려 한다는 사실이 알려지자 이 때도 또한 중국을 규탄하는 항의 집회가 봇물을 이루었습니다. 일본이 독도를 자기네 땅이라고 우길 때도 마찬가지입니다. 하지만 시간이 좀 지나면 언제 그랬나 싶게 관심이 멀어지고 무덤덤해집니다.

당장 뜨거운 반응을 보이지 않아도 좋으니 철저하게 상대를 비판할 자료를 준비하고 냉정하게 맞받아칠 줄 알아야 합니다. 속히 더운 방이 쉬 식는다는 것을 미리 알고, 주변국들은 우리나라 사람들 흥분이 가라앉기만을 기다리는 것 같습니다.

남을 돕는 일도 그렇답니다. 방송에 딱한 처지에 놓인 노인이나 고아 사연이 나오면 갑자기 성금이 밀려듭니다. 불이나 태풍, 집중호우로 피해를 보고 나면, 며칠 기다릴 것도 없이 전국에서 성금이 몰립니다. 성금 모금 특집 방송을 할 정도로 줄을 서서 성금을 냅니다. 하지만 며칠 못 가 성금도 뜸해지고 관심도 사라집니다.

어떤 사람들은 그래서 우리나라 사람들이 재미있고 활기차 보인답니다. 새로운 정보를 적극적으로 받아들이고 소화해야 하는 정보화 사회에서는 오히려 이런 성격이 잘 맞는다고도 하네요. 또, 사람들의 마음을 재빨리 한데 모으는 데는 이런 급한 성격이 도움이 되기도 합니다. 2002년 월드컵 때의 놀라운 정열과 단결력은 다른 나라에서 감히 상상할 수 없었던 우리만의 힘이기도 합니다.

그런데, 이런 정열적인 흥분이 여러 분야에서 우리나라를 이끄는 바탕이 된다면 얼마나 좋을까요? 속히 더워졌어도, 좀 더디게 더워졌어도, 쉬 식지 않고 꾸준히 온기를 잃지 않는 진득한 맛이 필요합니다.

공부도 마찬가지입니다. 새학기가 시작되면, 며칠은 열심히 공부를 합니다. 하지만 작심삼일이라고 며칠 못 가 책을 덮고 도로 아미타불이 되고 맙니다. 처음에 몰아치지 말고, 끈기 있게 꾸준히 노력을 해야 실력이 늡니다. 크게 성공한 사람들을 보면 타고난 재주나 능력보다는 꾸준히 참을성을 가지고 노력한 경우가 훨씬 많습니다.

좀더 알아볼까요?

중국의 동북공정(東北工程)이란?

중국에서 추진해 말썽이 된 동북공정이란 중국 사회과학원에서 2002년부터 2006년까지 5년 계획으로 추진하고 있는 중국 동북 경계 지역에 대한 연구 작업을 가리킵니다.

내용도 아주 많고 범위도 넓습니다. 고대 중국의 국경 연구, 동북 지역의 민족사 연구, 고조선·고구려·발해 연구,

중국과 조선 관계사 연구, 러시아 극동 지역의 정치·경제 관계 연구, 한반도의 정세 변화와 그것이 중국 동북 변방 지역에 끼치는 영향 연구 등등 한반도 위쪽 경계선 부분이 다 연관되어 있습니다.

그런데, 문제는 중국이 이 연구에서 고구려사, 고조선사, 발해사를 크게 왜곡하고 있다는 겁니다. 예를 들어 고구려는 중국의 소수 민족이 세운 지방정권이므로 고구려사는 중국사의 일부라고 보는 식입니다. 고조선이나 발해까지도 한반도의 역사에서 빼 버립니다. 그야말로 우리나라 역사를 저들 멋대로 한반도라는 땅 안으로만 밀어넣어 버리고 있습니다.

중국이 이런 주장을 펴는 데는 이유가 있습니다. 지금 동북 지역을 중국의 역사라고 못 박아 버리자는 것입니다. 그래야 남북통일이 되더라도 우리나라가 간도나 옛날 고구려 땅에 대해 아무런 권리를 가지지 못할 거라는 생각입니다. 게다가 한국사를 형편없이 쭈그러뜨려 버리면 중국이 아시아의 힘센 주인으로 서기가 더 쉬워질 것이라는 계산도 깔려 있다고 합니다.

이 지역에서 힘을 가지기 위해 중국이나 일본 모두, 있었던 역사까지도 교묘하게 고치고 속입니다. 이를 그때그때 혈서 쓰고 시위하면서 막을 수 있을까요? 우리가 어떻게 하는 것이 가장 좋을까요? 한번 생각해 봅시다.

40

뿌리 없는 나무에 잎이 필까

이 세상에 뿌리 없는 나무는 없습니다. 앙상한 나무에는 앙상한 몸통을 받쳐 줄 정도의 뿌리가 있고, 무성한 나무에는 그 정도의 튼실하고 굵은 뿌리가 있습니다. 아무리 잘 나서 저 혼자 이 세상에 태어난 듯한 사람도, 거슬러 올라가면 자기를 있게 한 여러 조상이 있게 마련입니다.

우리가 물이라면 샘이 있고
우리가 나무라면 뿌리가 있다.

이 나라 할아버님은 단군이시니
이 나라 한 아버님은 단군이시니.

이것은 개천절 노래입니다. "우리가 나무라면 뿌리가 있다."고 했는데, 뿌리를 조상으로 보고 나무를 어른으로 따진다면, 나무에 새로 돋아나는 잎은 바로 여러분입니다.

산 샘물이 넘쳐 산 도랑물.
산 도랑물 모여 흘러 산 개울물.
산 개울물 내려 흘러 들판 강물.
들판 강물 굽이 흘러 넓은 바다.

이것은 권태응 님의 〈산 샘물〉이라는 동요입니다. 개천절 노래에도 "우리가 물이라면 새암이 있고,"라는 구절이 있습니다. 산 샘물이 합해져 산 도랑물이 되었고, 산 도랑물이 합해져 산 개울물이 되었고, 산 개울물이 합해져 들판 강물이 되었고, 들판 강물이 합해져 넓은 바다를 이루는 이치입니다. 60억이 넘는 세계 인구를 넓은 바다에 비교한다면, 산 샘물은 바로 인류의 조상입니다.

아무 노력도 안 했는데 좋은 결과를 기대하면 도둑놈 심보입니다. 정성을 들이면 들일수록 결과는 실해집니다. 학교에 내는 보고서를 생각해 보세요. 인터넷을 돌아다니며 이 자료, 저 자료 퍼다가 짜깁기를 해서 내면 내용이 허술할 수밖에 없습니다. 내용이 그럴듯하다면 그것은 십중팔구 아이가 했다고 보기에는 너무 어렵거나 전문적인 내용일 겁니다. 좋은 점수는 기대하기 힘듭니다.

 어떤 일에든 원인이 있습니다. "나만 재수가 없어서 걸렸다."고 투덜거리기에 앞서서 "조금만 더 조심할 걸." 하고 반성할 줄도 알아야 합니다. 뿌리가 자리를 잘 잡게 정성을 들이고 노력해야 비로소 건강한 이파리가 무성하게 돋아난 탐스러운 나무가 될 수 있다는 것을 잊지 말아야 하겠습니다.

앗, 이런 속담도!

나무와 관련된 속담을 한번 알아볼까요?

감나무 밑에 누워도 삿갓 미사리를 대어라.

아무리 좋은 환경에 놓여 있더라도 노력을 해야 한다는 뜻.

감나무 밑에 누워서 홍시 떨어지기를 기다린다.
노력하지 않고 좋은 결과만 기다린다는 뜻.

나무는 큰 나무 덕을 못 보아도, 사람은 큰 사람 덕을 본다.
큰 나무 밑의 나무는 그늘에 가려 잘 자라지 못하나 큰 인물 밑에 있으면 배우는 것이 많고 그 덕을 보게 된다는 뜻.

될성부른 나무는 떡잎부터 알아본다.
앞으로 크게 잘 될 사람은 어릴 때부터 장래성이 엿보인다.

마른 나무에 물 날까.
원인 없이 결과가 이루어질 수 없다.

못된 나무에 열매가 많다
가난한 집에 자식만 많다. 못된 것이 오히려 번성한다.

159쪽의 정답 : (5)

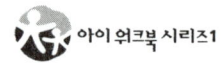

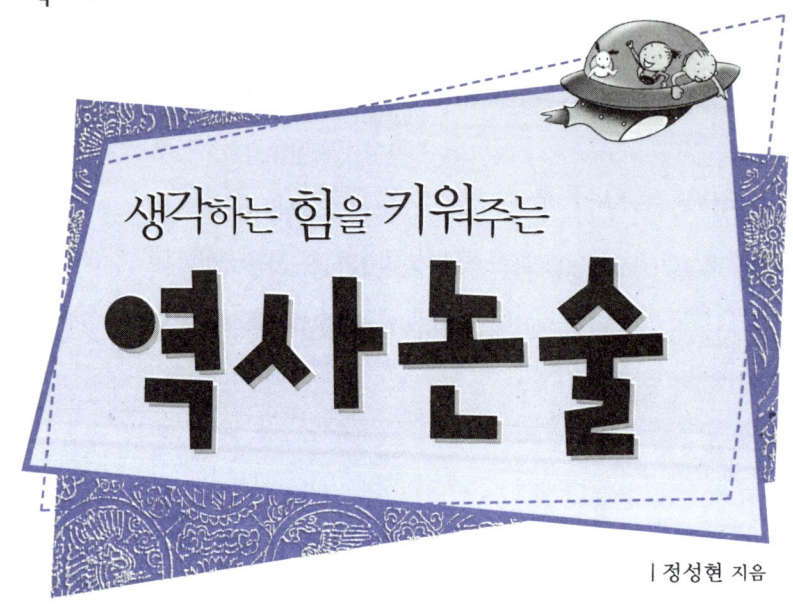

| 정성현 지음

타임머신 타고 역사 속으로 들어가 보자.
원시인도 되어 보고, 왕건도 되어 보고,
독립투사도 되어 보는
신나고 재미있는 역사여행
역사의 주인공이 되어 새롭게 써 보는
나만의 역사책, 나만의 워크북!!

지글보글 선생님과 타임머신 타고 떠나는 역사여행!!

이 워크북은 아이들의 사고력을 키울 수 있도록 꾸며져 있습니다.
아이들은 역사적으로 중요한 사건들을 살펴보고, 역사의 주인공이나 그 반대 입장이
되어 보면서 자신의 생각을 무궁무진하게 펼쳐 나갈 것입니다.
역사의 중심에 서서 역사를 꿰뚫어 보고, 새롭게 써 보는 과정에서 아이들은 단순한
글쓰기에서 벗어나 스스로 이야기를 풀어 나가는 자신만의 논술 방법을 찾아낼 것입니다.
따라서 이 워크북은 초등학생 논술 지도에 어려움을 겪고 있는 교사나 학부모에게도
아주 유용할 것입니다.